애들아, 교회에서 놀자!

애들아, 교회에서 놀자!

지은이 | 박춘강
초판 발행 | 2018. 11. 20
등록번호 | 제1988-000080호
등록된 곳 | 서울특별시 용산구 서빙고로65길 38
발행처 | 사단법인 두란노서원
영업부 | 2078-3352   FAX | 080-749-3705
출판부 | 2078-3331

책값은 뒤표지에 있습니다.
ISBN 978-89-531-3348-8 03230

독자의 의견을 기다립니다.
tpress@duranno.com   www.duranno.com

•본문의 성경은 특별한 표기가 없는 한 우리말성경(한글), NIV(영문)를 사용하였음을 밝힙니다.

두란노서원은 바울 사도가 3차 전도여행 때 에베소에서 성령 받은 제자들을 따로 세워 하나님의 말씀으로 양육하던 장소입니다. 사도행전 19장 8~20절의 정신에 따라 첫째 목회자를 돕는 사역과 평신도를 훈련시키는 사역, 둘째 세계선교(TIM)와 문서선교 (단행본·잡지) 사역, 셋째 예수문화 및 경배와 찬양 사역, 그리고 가정·상담 사역 등을 감당하고 있습니다. 1980년 12월 22일에 창립된 두란노서원은 주님 오실 때까지 이 사역들을 계속할 것입니다.

교회학교
선생님의

좌충우돌
40년 교사 일기

얘들아, 교회에서 놀자!

박춘강 지음

두란노

Part 2. 머리 지식은 잊혀져도
사랑은 오래 남는다.

Part 3. 어깨 순종하고 수고하면
하나님이 기뻐하신다

Part 4. 눈 하나님의 적재적소
잘 살펴보기, 그리고 마음

Part 5. 귀, 입 잘 들어주기가 사랑하기의 첫째,
그리고 칭찬해 주기가 둘째

Part 6. 손, 발 선생님이 노력하면 아이들은 즐겁다

어릴 적 장래희망대로 교회학교 교사가 됐다. 사십
여 년 매주 아이들을 만났다. 생업도 힘든데 주일까
지 힘들어서 교사를 어찌하나 엄두가 안 났지만, 지
난 세월 돌아보니 삶이 힘들어도 주일마다 아이들을
보며 시름을 잊고 오히려 힘을 얻으며 살았다. 아이
들의 각양각색의 삶을 보며 참으로 인생의 길이 여러
갈래구나 느꼈다.

내가 가르쳤던 아이들이 지금은 다들 커서 엄마 되
고 아빠 되고, 목사님도 되고, 군인도 되고 교회학교
교사가 되기도 했다. 그냥 나이 드는 것이 아니라 젊
은 미래를 키워내는 데 시간과 마음을 썼다고 생각
하니 이 보람은 하나님의 은혜다.

매주 교회학교에 다녀오면 늘 일기를 썼다. 그 사십
여 년간 묵혀 두었던 일기장들을 다 꺼내보며 킥킥
대고 웃었다. 녀석들의 얼굴과 이야기는 오늘 교회학

교에 다녀온 것처럼 생생하다. 교회학교 교사로 헌신하려는 분들과 이미 교사로 헌신하고 있는 사람들이 함께 공감할 수 있는 책이 되기를 소망하는 마음으로 그 일기들을 추려서 엮었다. 가슴, 머리, 어깨, 눈, 귀, 입, 손, 발… 온몸으로 아이들을 사랑하고 섬기려는 마음으로 목차도 구성했다.

이 책을 만들기까지 수고한 딸 은하에게 고맙고, 출간하도록 도와준 두란노에 진심으로 감사하다. 마지막으로 이 책을 읽는 모든 선생님들이 아이들을 사랑하는 마음으로 각자의 자리에서 헌신하고 있음에 감사하며, 나에게 아이들을 키워내게 인도하신 하나님 아버지께 감사와 영광을 올려 드린다.

춘천에서
/
박춘강

마트에서 유치부 여자 아이를 만났다. 엄마 손을 잡고 있었다.

나를 보더니 "선생님" 하며 품에 안긴다.

나는 덥석 안아줬다.

교회 선생님은 아이들이 달려와 안기는 반가운 존재다.

교회 선생님은 따뜻한 가슴이다.

Part 1

가슴

가슴으로 낳은

— 내 아이들처럼

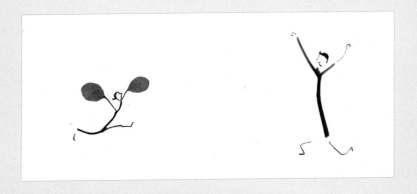

어린아이들을 꼭 껴안아 주시며 손을 얹으시고 축복해

주셨습니다.(막 10:16)

He took the children in his arms, put his hands

on them and blessed them.

■ 내 꿈은 초등학교 선생님이었는데 이루지 못하고 결혼을 일찍 했다. 대신 아이들이 좋아 교회학교 교사를 시작했다.

초등학교에 다닐 때부터 내 꿈은 교회학교 선생님이었다. 결혼 후 1878년 7월, 그 꿈을 이루기 위해, 교회 전도사님을 찾아가 "교회학교 교사가 하고 싶은데 필요하신가요" 하고 여쭀다.

"정말이세요? 아이구 정말 감사합니다."

너무 기뻐하신다.

"왜 그렇게 기뻐하세요?"

"집사님, 제 기도 제목이 교사 30명 목회예요. 그동안 28명이었는데 오늘 오전 한 분이 오셔서 29명이 됐고, 집사님이 지금 오셔서 30명이 됐어요! 오늘이 작정기도 끝나는 날이거든요. 만세!"

전도사님이 기뻐하신다.

나는 오랜 꿈을 이루게 됐다. 아쉬운 게 있다면, 학교 선생님은 아이들을 매일 만나지만 교회학교 교사는 아이들을 주일에만 만난다는 것이다. 아이들이 매일 보고 싶다. 아이들에 대해 더 많은 것을 알고 싶은데 주일 1시간은 너무 짧다.

내가 늘 부족해서 아이들한테 미안하다. 하지만 나는 세상 지식이 아닌 하나님 말씀을 가르친다고 생각하니 감사하고 행복하다.

어느 날 오후 한 아이를 심방하러 아파트에 가서 엘리베이터를 탔다.

남자 아이 하나가 쑥 들어온다.

"너 몇 학년이니?"

"1학년이요."

"너 교회 안다니니?"

"예, 저는 바빠서 교회 못 다녀요."

"너 돈 벌어? 이 녀석아, 1학년짜리가 바쁘긴 뭐가 바뻐."

"내가 학원 4개 다녀요. 교회까지 가면 5개 다니는 거 잖아요. 그러면 저는 뻗어요."

"녀석아, 학원엔 매일 가지만 교회는 일요일 한 번만 가는 거야."

"안 돼요. 일요일엔 쉬어야 돼요."

"알았다. 힘차게 살아라~!"

엘리베이터가 열리자 아이는 "안녕히 가세요" 하고

다람쥐처럼 가버렸다.

■ 가정환경이 좋은 아이들보다 어려운 아이들이 교회에 더 열심히 나온다. 교회 장로님이나 집사님의 아이들일수록 말을 안 듣는다. 교회 생활이 익숙하다는 것 때문이겠지.

교회학교 교사를 하며 가장 안타까운 점이다. 부모님들이 더도 말고 덜도 말고 교회를 학교만큼만 생각해 줬으면 좋겠다.

학교는 눈이 오나 비가 오나 가야되는 걸로 생각하면서 교회는 비 온다고 안 보내, 친척이 왔다고 안 보내, 춥다고 안 보내, 감기 들었다고 안 보내, 일주일 동안 학교, 학원 다니느라 피곤하니 일요일은 늦도록 자게 놔두고 싶어서 안 보내, 아침에 일찍 깨우는 게 애처로워서 안 보내….

이런 저런 이유로 교회는 관심이 없다. 착한 사람이 되어야지, 공부만 많이 하면 뭣하나.

이런 어머니들에게 이렇게 말하고 싶다.

어머님들, 아이들이 매주 교회학교 오는 습관이 결국은 건강한 인생길로 인도한답니다. 아무것도 아닌 것 같아도 아이의 중심에 교회가 있고 예수님이 계시면 사춘기와 청년기, 사회에 나가서도 하나님을 경외하고 의지하는 마음이 있어요. 그게 있으면 비뚤어지지 않고, 비뚤어져도 다시 돌아온답니다.

■ 어느 해 여름 성경학교. 교회에서 모두 잠을 재우는 데 개구쟁이들이 각자 가져온 이불을 펴고 한 이불에 삼삼오오 모여서 누웠다. 이불이 두 장이면 한 장은 깔고 한 장은 덮고.

처음엔 질서 있게 눕지만 잠이 들면 그 이불은 기운 센 놈이 혼자 다 끌어간다. 그러면 다른 녀석들은 이불을 다 뺏기고도 모른 채 그냥 웅크리고 새우잠을 잔다. 새벽 2~3시면 모두 곯아떨어진다.

나는 어두침침한 방 안에서 더듬거리며 이 녀석 저 녀석 이불을 덮어 주고, 베개를 괴어주고, 긁적거리는 녀석의 등도 긁어주고, 깊은 잠이 못 들어 뒤척이는 녀석에게 부채질도 해준다.

어떤 여자 아이는 잠자리가 바뀌어 못 자는지 일어나 앉아 가방을 다 쏟아놓고 정리를 계속하고 있다.

"너 잠 안자고 뭐해?"

낮은 목소리로 속삭여 물었다.

아이도 낮은 소리로 대답을 한다.

"잠이 안 와서 그래요."

"누워서 주기도문을 외워봐. 내가 부채질 해줄게."

주기도문과 부채질로 가만가만 재우니 어느새 아이
도 잠이 들고 나도 누웠다.

조용한 가운데 크고 작은 녀석들 숨소리만 들리는데,
갑자기 쪽쪽쪽 소리가 난다.

이게 무슨 소리지? 어디서 수돗물이 새나?

자꾸 신경이 쓰여서 안 되겠다. 일어나 슬슬 기어 소
리 나는 쪽으로 가보니 1학년 여자 아이가 입으로 젖
을 빠는 시늉을 하고 있다. 아마 아이는 꿈속에서 열
심히 우유를 먹는 중인가 보다.

몇 학년까지 저럴까. 습관이 돼서 시집가서도 저러면
어쩌지?

외부로 나오면 친구들과 같이 자서 더 잘 자는 아이
들도 있지만, 잠자리가 달라져서 불편해하는 아이들
도 있다. 갑자기 엄마를 찾기도 한다.
불안해하는 아이들은 무조건 자라고 강요하기보다
가서 함께 조근 조근 이야기도 나눠주고 기도를 해준
다. 네가 잘 때까지 옆에 있을 거라는 안정감을 주면
어느새 코 잠이 든다.

■ 아이들에게 덮을 것을 주고 나니 내가 덮을 게 마땅치 않아서 교회 앞에 있는 집으로 이불을 하나 더 가지러 갔다. 그날따라 소낙비가 쫙쫙 쏟아졌다.

어느새 밤 1시가 됐다. 이불을 들고 교회에 들어서는데 교회 벽 밑에 시커먼 작은 그림자가 떨고 있었다. 가까이 다가가서 자세히 살펴보니, 우리 교회의 골칫덩어리 찬섭이였다!

"너 안 자고 왜 여기 나와 있어?"

"잘 데가 없어요. 애들이 다 자기 이불에 못 들어오게 해요."

"녀석아. 평소에 네가 항상 애들을 괴롭혔잖아. 그러니 애들이 너를 다 피하는 거야. 들어가자. 나하고 같이 자자."

내가 가져온 이불을 깔고 찬섭이에게 팔베개를 해주
고 꼭 안아서 등허리를 두들겨 주었다. 그 녀석의 옷
이 축축하게 젖어 있었다.

집안 형편이 좋지 않은 그 녀석은 나에게서 엄마 냄
새가 났나 보다. 비 맞은 작은 어깨를 들먹였다.

이번 여름 성경학교가 이 아이에게 자기 잘못을 깨닫
는 기회가 되어 변화가 됐으면 좋겠다.

■ 찬섭이는 항상 목에 아파트 열쇠를 목걸이 삼아 걸고

다닌다. 아빠는 고속버스를 운전하셔서 며칠에 한 번

오시고 엄마는 일 다니신다.

아이는 고삐 풀어놓은 송아지 같다. 질서라는 게 없

다. 비 오는 주일 날엔 실내로 우산을 들고 와서 예배

시간에 우산을 확 펴고 접고를 반복하며 아이들 옷을

다 적신다.

치마 입은 선생님을 확 밀쳐서 선생님이 뒤로 벌렁 넘어지면 재밌다고 깔깔 웃는 아이. 찬섭이는 내 교회학교 교사 경력 동안 최고의 말썽꾸러기였다.

여름 성경학교 둘째 날, 조별 모임 게임이 있었다. 이 말썽꾸러기 녀석을 조장으로 세우고 깃발을 맡겼다. 그러자마자 깃발을 들고 이리 뛰고 저리 뛰고 천방지축이다.

"녀석아, 네가 우리 반 대장이야."

"네."

"너만 뛰어다니지 말고 우리 반 애들을 찾아서 줄을 세워야 돼."

"네."

흩어져 뛰노는 애들을 얼마나 잘 찾아오는지. 프로그램이 바뀔 때마다 1학년 아이들은 우왕좌왕인데 녀

석이 아이들 손을 잡고 무조건 끌고 온다.

"잘했어. 이젠 줄을 세워."

출석부를 주며

"이젠 네가 출석을 불러봐. 너희들은 출석 부르면
'네' 하고 대답해. 알았지?"

"김안나"

"네."

"송민석"

출석을 부를 때마다 애들이 대답을 하니까 마치 선생
님이 된 기분인지 무척 좋아한다. 그래, 네 기분이 짱
좋겠지.

모든 사람이 다 자기를 미워한다고 생각했는데 이런
대접을 받으니 밝고 자신감이 넘쳐 보인다.

그 후부터 녀석은 예배 시간이면 나를 도와주는 '작

은 장로님'이 되었다. 이 녀석이 변화되자 예배 시간
이 조용해졌다. 나는 이 녀석과 무척 친해졌다.

아마 지금쯤 어느 하늘 아래서 어떤 말썽쟁이의 아빠
가 되어 있을 것이다.

유난히 불안정하고 자꾸 문제를 일으키는 아이는 오
히려 관심과 사랑을 받고 싶어서 눈에 띄는 행동을
반복한다.

말썽꾸러기는 특히 그 아이 만의 장점을 찾아내서 자
주 칭찬해 주고, 너를 믿는다는 마음을 심어주며 책

임감 있는 주는 역할을 맡기면 아주 잘 해낸다. 어떤 면에서는 다른 아이들보다 더 탁월하다. 역시 아이들은 믿어주는 만큼 잘 한다. 자기 속의 좋은 것을 확 피워낸다. 그 과정을 인내심을 갖고 꾸준히 하기가 쉽지 않지만, 확실히 아이들은 어른들보다 훨씬 더 빨리 반응한다.

■ 우리 반 네 살짜리 남자 아이 하나는 까무잡잡한 게 꼭 당찬 감자처럼 생겼다.

처음엔 엄마랑 떨어질 때마다 울고불고 하더니, 몇 주가 지나자 집보다 훨씬 재밌고 간식도 주고 하니까 이제는 울지는 않는다. 그런데 예배 시간에 가만히 앉아 있지 못하고 계속 돌아친다.

그때 갑자기 '으악' 소리와 함께 쿵 소리가 났다. 아이가 실내 아이들 전용 미끄럼틀에 올라갔다가 떨어지면서 머리를 꽝 하고 부딪쳤다.

아이는 벼락 치는 소리를 하며 울었다. 내가 얼른 애를 받아 머리에 손을 대니 뒤통수가 뜨끈뜨끈하다. 물을 먹이려고 하니 물도 못 마신다. 나는 손으로 머리를 감싸고 꼭 안은 후 그 아이 귀에 대고 속삭이며 기도했다.

"하나님, 우리 아이가 미끄럼틀에 올라갔다가 꽝 하

고 떨어졌어요. 안 아프게 얼른 낫게 해주세요."

기도를 하고 눈을 떠 보니 전도사님과 집사님 선생님들이 빙 둘러 우리를 바라보고 있었다. 입에 물을 가져다 대니 그제야 물을 마신다.

뜨겁던 내 손도 서서히 식어갔다. 머리에 열이 내리고 있음이 분명했다. 이젠 자기가 물 컵을 잡고 물을 먹더니 잠시 후 일어나 포도 접시에 손이 간다. 입에 몇 알 넣더니 상에 바짝 다가앉아 포도를 막 먹기 시작했다.

주여! 이제 다 나았구나.

바라보던 선생님들도 다 긴 숨을 내쉬었다.

예배가 끝나고, 누가 손을 잡아주면 틱탁 쳐내며 혼자 돌아치기만 하던 녀석이 내 손을 잡고 엄마 오기를 기다리며 걸어 다녔다.

잠시 후 엄마가 오셨다.

"오늘 예배 시간에 미끄럼틀에서 떨어졌어요. 꽝 했어요."

워낙 개구쟁이 녀석이라 집에서도 그런지 엄마가 놀라지도 않으신다. 엄마는 "괜찮아요" 하며 인사를 하고 태연하게 아이를 안고 가신다. 아이도 엄마를 보고 울지도 않고 손을 흔들며 간다.

하나님 감사합니다.

녀석아, 잘 가. 오늘은 너 때문에 많이 놀랐어.

예배 전 교사들은 늘 합심해 기도로 그날의 예배를 준비한다. 혹시 작은 사고들이 일어나면 부모님에게 반드시 그날 있었던 일을 이야기 해야 한다.

지영이와 우진이는 유치부 대표 개구쟁이들이다. 오
늘따라 아이들이 너무너무 떠들어서 젊은 선생님들
이 도저히 감당을 못하고 있다. 전도사님도 손을 쓸
수 없는 상태라 우두커니 서서 보고만 있다.

이 녀석들이 안 오면 조용하다. 그런데 이런 녀석들
이 더 열심히 온다. 결석도 잘 안 한다.

오늘은 이 녀석들을 어떻게 통제하지? 할머니 선생
님이 무서운 선생님 노릇을 해야겠구나.

막대가 하나 있길래 어깨에 소대장처럼 메기도 하고
땅을 짚기도 하면서 분위기를 잡았다. 물론 막대를
쓸 일은 없다. 오로지 분위기용.

두 녀석을 불러서

벽을 보고 앉으라고 했다.

녀석들이 조용해졌다.

선생님들 여기저기서 모두 킥킥대고 웃는다.

이 녀석들이 혹시 유치부에 무서운 선생님이 있다고

다음주부터 안 오는 건 아닐까.

그럼 내가 잘했나, 못했나….

지난주 혼난 지영이와 우진이가 왔다. 개구쟁이 두
녀석은 삐치지도 않는다. 나는 혹시나 하고 은근히
걱정도 했다. 지난주에 혼난 것 때문에 이번 주에 안
오면 어쩌나 하고.

두 놈이 다 와서 반가웠다.

지난주 아이들에게 약속을 했었다.

"다음주 예배시간에 조용히 하면 선물을 줄게."

"무슨 선물요?"

"칫솔."

약속해놓고 오늘 깜빡하고 못 가지고 왔다. 두 녀석
이 선물 가지고 왔느냐는 듯한 눈빛으로 나를 자꾸
돌려다 본다.

미안해. 다음주에 꼭 가지고 올게.

동생 것까지 두 개 씩 줄게.

기선이가 와서 매달린다. 그 꼬마 녀석이 그렇게 무
거울 줄 난 정말 몰랐다. 나를 안고 매달리는데 휘청
하면서 두 번을 쓰러질 뻔 했다.

운동을 열심히 해서 내가 꽤 꼿꼿한 줄 알았는데 나
이 때문인가.

아이들아, 할머니 선생님에겐 갑자기 달려들면 안
된다.

대신 손을 꼭 잡아줄게.
가슴으로 꽉 안아줄게!

교회 버스를 타려고 도청 앞에 나왔는데 저기 우리
반 아이다!

항상 같은 버스를 타고 집에 가는데 오늘은 교회버스
가 아닌 다른 차를 타고 가려고 한다.

"너 왜 이 차 타니? 어디 가려고?"

"아빠 집에 가려구요. "

"그럼 엄마 집, 아빠 집이 따로 있냐?"

"예, 엄마랑 아빠랑 싸워서 따로 살아요."

저런….

"엄마랑 아빠랑 서로 모르는 사이에요. 말도 안 해요."

저런 저런….

"너는 그럼 엄마 집 아빠 집 따로 사는 게 좋으니?"

"아니요. 같이 살면 좋지요!"

■ 어느날 할머니가 아주 예쁜 여자 아이를 데리고 왔
다. 공주처럼 인형처럼 예쁜 아이를 마구 쥐어박고
괜히 때리고….

며느리가 미우니까 아이도 미운가 보다.

아이를 윽박지르던 할머니가 나와 눈이 마주쳤다.

갑자기 사랑하는 척 한다.

나는 다 봤다.

집에서는 얼마나 구박을 줄까. 엄마는 어디로 갔을까.

나는 얼른 아이를 안아주었다.

차가 '끼익!' 하고 급정거했다. 그 요란한 소리를 듣고 나도 걸어가던 사람들도 모두 발걸음을 멈춰섰다. 아이 한 명이 차 앞바퀴로 들어가서 뒷바퀴로 나왔다. 운전사도 놀라 나와 서서 말도 못하고 쳐다보고만 있다.

아앗! 저 녀석 주일이면 내가 교회에 데리고 가는 아이다.

나는 녀석의 집으로 달려가

"할아버지, 쟤 큰일날 뻔했어요. 어서 나와보세요. 달리는 차 밑에 들어갔었다니까요."

할아버지는 놀라지도 않고

"그 녀석은 늘 그래요" 한다.

"애가 어른도 없이 그냥 나가려 하면 못 나가게 대문을 잠그세요."

"잠그면 뭐해요. 담을 넘어 가는데요."

할아버지는 태연했다.

놀란 가슴을 쓸어내리며, 아이에게

"아픈 데는 없니? 괜찮아?" 하고 물었다.

이게 다 엄마 없는 설움이다. 엄마가 있으면 금이야

옥이야 보살핌 받을 나이에….

엄마 아빠 싸우지 마세요. 싸운 다음엔 얼른 화해하

세요. 누가 먼저 하든지 해가 지기 전에요. 자존심보

다 가정이 중요하잖아요. 아이들이 어려서 말로 다

표현을 못해서 그렇지 속으로는 울어요. 아파요.

교회에 온 아이의 한 쪽 바짓가랑이가 뚱뚱해서

"너 이 쪽 바지가 왜 뚱뚱하니?" 하고 물으며 바지를 벗겼다.

세상에, 내복을 한 쪽만 추켜 입고 한 쪽은 그냥 맨 다리다.

그게 꽤 불편했으련만 아이는 표현도 못한다.

할아버지가 유치부에 아이를 내려놓고 집으로 가셨 다가 끝날 즈음 데리러 오신다.

이게 다 엄마 없는 탓이야. 이렇게 중요한 나이에 엄 마가 없으니.

나는 주일에 아이들의 임시 엄마가 되어주기로 다짐 했다. 병든 병아리들의 어미 닭이 되어 아이들을 품 어주기로 했다.

■ 할아버지와 아이들 2~3명이 사는 가정이 있었다.

그 아이들이 내게 주려고 밤을 새워 색종이로 종이학

을 만들어 유리병에 넣어왔다.

"우리 삼촌이 와서 삼촌도 같이 접었어요."

지금은 커서 엄마 아빠가 됐겠지?

장가갔니? 시집갔니?

나는 아직도 그 종이학을 가지고 있다.

남자 아이가 얼굴에 멍이 들어 왔다.

"너 얼굴이 왜 그래?"

"아빠가 때렸어요."

"아이고, 이 어린 것을."

"아빠가 영창에 가 있어요. 지금은."

할머니가 아이를 교회에 데리고 오신다.

"얘가 자꾸 교회에 온대요."

그래, 내가 주일마다 엄마가 되어줄게 잠시나마.

엄마 아빠는 철이 없고 할머니가 얼마나 속이 상할

까. 너는 얼마나 몸과 마음이 아플까.

어려운 가정의 아이일수록 마음에 기댈 곳이 필요해

교회에 더 나오려고 한다. 아이들이 집에서도 학교

에서도 마음을 기댈 수가 없을 때 교회는 따스한 안

식처가 되고, 선생님은 잠시라도 예수님 마음이 되어

아이를 품어줄 수 있다.

아픈 가정 환경의 아이들이 많다. 그 아이들은 교회에 더 열심히 나온다. 마음 기댈 데가 없어서 그럴 것이다. 그 아이들을 예수님은 아마 더 꼭 안아주실 것이다.

예수님 마음이 선생님을 통해 뜨겁게 흘러가기를.

일주일에 한 번
임시 엄마도 돼주고,
아프고 고픈 마음
안아줄 수 있어요.
'너는 하나님의 아들·딸이야.'
'너는 좋은 아이야.'
믿음을 줄 수 있어요.

난 어렸을 때 선생님을 생각하면

나를 사랑해줬던 선생님이 떠오르고 가슴이 따뜻해진다.

공부를 잘 가르쳐줬던 선생님은 별로 기억나지 않는다.

아이들도 나중에 자라서 교회학교를 생각하면

아마도 지식이 아니라 사랑을 기억할 거다.

Part 2

머리

지식은 잊혀져도

── 사랑은 오래 남는다

여러분 가운데 누구든지 지혜가 부족하면 모든 사람에

게 후히 주시고 꾸짖지 않으시는 하나님께 구하십시오.

그러면 주실 것입니다.(약 1:5)

If any of you lacks wisdom, he should ask God,

who gives generously to all without finding

fault, and it will be given to him.

여기는 개구쟁이 집합소다. 어찌 그리 장난도 심한지
말로 해서는 안 되겠다.

공과 내용을 스케치북에 크레파스로 그려서 보여주
니 모두들 조용하다.

샛별 같은 눈동자들이 모두 집중하기 시작했고, 그
후로는 장사하면서 틈틈이 그림을 그렸다.

아이들 생김생김, 옷차림, 성격이 어찌 그리 각양각
색인지.

남의 자식들이 왜 이리 예쁠까.

이게 예수님 마음이겠지!

콜라주(신문지나 벽지, 사진 등 인쇄물을 오려 붙여 새로운 이미지를 만드는 것)는 직접 그린 그림만큼 효과적이다.

나는 딸내미가 결혼하기 전, 서울에 혼자 살 때 편지를 보내면 편지봉투에 북어니 과일 채소 사진을 막 붙이고 건강하게 잘 먹으라고 쓰기도 했다.

우체부 아저씨도 아마 웃으셨겠지.

콜라주는 설교를 위한 준비에도 좋고, 때로 아이들에게 직접 하게 해도 매우 즐거워한다.

도화지, 잡지와 신문, 풀과 가위면 준비 끝! 가위가 위험한 연령은 선생님이 먼저 다 잘라가면 좋고, 가위질이 가능한 연령은 아이들이 직접 자르게 해도 좋다.

오늘 배운 성경 이야기 중 가장 기억나는 장면을 맘대로 붙여보라고 해도 좋고, 친구에게 편지를 써보라며 큰 도화지에 사진을 붙이고 글씨를 써도 새롭다.

만화처럼 말풍선을 달아보라고 해도 재밌어 한다.

말이나 글보다 빠르고 효과적인 건 역시 그림이다.

그렇다고 그림을 꼭 잘 그릴 필요는 없다. 아이들은

일단 그림이라면 열심히 쳐다본다.

만약 영 그림을 못 그리겠다면 신문이나 잡지의 사진

들을 오려붙여서 만들면 더 재미있어 한다.

아이들의 관심을 끌기 위해서는 재미있게 하는 것이

중요하다. 교사는 말씀을 어떡하면 재미있게 전할 수

있을지 고민해야 한다.

아이들이 즐거워하는 반응을 보이면 매주 자신감이

더해질 거다.

불게 있어야
애들이
안 떠들지.

■ 유치부 꼬마들을 데리고 교회 인근 실내 놀이 카페에
데려갔다.

유치부 부장으로 온 지 4개월, 아직 아이들 이름을 다
못 외워서 밖에 나오니 불편했다. 새 친구도 4명 있었
다. 녀석들을 열심히 붙들고 이름을 외웠다.

"내가 누구라고?"

"박은실 권사님이요!"

"너는 누구야?"

"박종철이요."

"나는 정민아!"

놀이기구에서 노느라고 난리 법석. 우는 아이 셋. 어
느 녀석은 오줌을 싸고 바지가 젖어서 어기적어기적
걷는가 하면, 아이들 떠드는 소리에 놀라 우는 아이
도 있고, 집에 가겠다고 떼쓰는 아이까지….

플라스틱 미끄럼틀은 건조한 날씨에 옷 마찰로 정전기가 막 일어나 애들이 많이 놀란다. 그래서 정전기가 심하니 일단 미끄럼틀 손닿는 양면이라도 종이를 임시로 발라놓으면 어떨지 문의했더니 주인인지 매니저로 보이는 사람이 아래 직원에게 "분무기로 물이나 뿌려" 한다.

그렇게 물을 막 뿌려놓으니 아이들이 타질 못한다. 아이들을 위한 배려나 사랑이 전혀 없었다. 이 장사 오래 가지 못할 것 같다.

그래도 배울 점이 하나 있었다. 집에 돌아가야 할 무렵, 레크리에이션을 하는 강사가 음악을 틀고 율동을 하니 아이들이 모이기 시작했다. 작년엔 없었는데 새로운 이벤트인가 보다. 이건 좋구먼.

전문 강사라서 그런지 아주 확실하고 열정적으로 잘한다. 그게 그 사람의 직업이니 이렇게 프로페셔널하게 준비하겠지.

우리도 교회학교 교사 직분을 책임감 있게 감당해야 한다. 게다가 찬양은 예배의 가장 핵심적인 요소이니만큼 더 재밌고 더 창의적으로 준비해야겠다.

요즘은 DVD나 인터넷 동영상에 찬양, 율동이 많이 나와 있다고 하니 젊은 선생님들과 의논해서 준비를 더 철저히 해봐야겠다.

이제 귀가 시간, 작은 현관에서 신발이 없네 바뀌었네 니꺼냐 내꺼냐 난리법석.

교회 차에 태우고 보니 출발할 때보다 인원 3명이 모자란다.

"소양교회 유치부, 누구, 누구, 누구… 나오세요!"

세 번을 불렀더니 열심히 놀이기구에서 놀던 아이들이 그제서야 '소양교회'라는 소리에 쫓아 나온다.

선생님들 모두 휴~ 긴 숨을 내쉬었다.

다음에 올 땐 똑같은 티셔츠를 입혀서 데려와야겠다.

■ 오늘 2부 순서로 동영상을 보기로 했는데 화면이 뜨지 않아 모두 실망하고 못 봤다.

그래서 새로 온 선생님의 지도로 게임을 했다. 얼른 상황을 대처하는 모습이 든든해 보였다.

아이들을 열심히 참여시키고 활기가 있어 좋다.

역시 새로 온 선생님은 띄워주고 인정해 주면 금세 실력이 나온다. 기존 선생님들 사이에서 어색하고 또 성향이 다양한 아이들 때문에 당황할 때도 많아서 처음 교사를 하면 부서에 적응하기 쉽지 않다. 그래서 기존 선생님들은 새 선생님을 아주 반갑게 맞아주고, 역할을 분명하고 폼 나는 것으로 주는 것이 좋다.

오늘은 내가 설교를 하는 날. 오늘은 무슨 이야기로 요 꼬마 녀석들을 집중시킬까.

이 연령은 설득하기보다 새로운 호기심을 자극해줘 야 집중과 환기 효과가 있다는 글을 읽었는데, 내가 아이들 지도해 봐도 그렇다.

아이들은 관심 가는 걸 보여주면 금세 이전 것을 잊 는다. 그리고 속상하면 사람은 자기도 모르게 자꾸 아래를 내려다보게 되는데, 그때 위를 올려다보게 하 면 기분이 좋아진다.

"저기 하늘에 뭐가 지나갔어" 하면 모두 위를 바라보 며 기분이 달라진다. 거기에 리듬이 더해지면 금세 신이 난다.

다같이 두 손을 번쩍 들고

"나 여기 있어요" 하고 박수 두 번 짝짝. 박수 세 번

짝짝짝.

손, 무릎…!

아이들이 잘 따라한다.

발 맞춰서
하나, 둘,

시집 간 딸네 집에서 하루 묵고 딸이 출석하는 교회 예배를 드리게 됐다. 삼십 년 넘게 교회학교 예배에 빠지는 일이 거의 없는데, 손녀딸이 다니는 교회학교 도 보고 싶었다.

그날 많은 걸 배웠다.

그래, 왜 이 생각을 못했지. 신발장에 사진을 붙여놔 야겠구나. 그럼 신발장 앞에서 니 거 내 거, 아우성이 없을거야.

그리고 아이들에게 주중에 우편물 보내주는 것도 참 좋은 것 같다. 아이들은 금방 물을 찾으니까 간식은 요구르트나 수박 등 수분이 있는 걸로 간단하게.

자석이 붙는 큰 칠판도 설명할 때 참 좋겠다.

매주 하나씩 나눠주는 성경말씀을 예쁜 과일 모양 동물 모양에 코팅하고 뒤에 자석까지 붙여 만들어주니 아이들이 중요한 듯 가져간다. 아파트 현관문이나 냉장고에 붙이면 자주 보고 좋겠네.

역시 사람은 평생 배워야 해. 안주하면 정말 안 돼. 좋은 건 계속 배워서 아이들에게 도움되게 해야 해. 요즘처럼 좋은 게 많고 표현이 다양해지는 세상에는 더 많이 배워서 아이들이 좋아할 것들을 계속 연구해야겠다.

■ "선생님 오늘이 무슨 날인지 아세요?"

"글쎄… 오늘은 주일 교회 가는 날이잖아."

"아니에요. 오늘은 내 생일이에요. 예배 끝나고 칼질

하러 가요."

칼질이라면 레스토랑으로 가자는 건데, 내가 애들 다

데려갈 능력도 없고….

"그런 건 엄마랑 아빠랑 가는 거야."

"선생님 나 헌금 주세요."

에구 참. 그런 건 엄마한테 달라고 해야지.

"아무나 주세요."

"선생님 나 인형 좀 사주세요."

"인형이 얼마인데?"

"십오만 원이요."

"엥?"

"엄마가 안 사줘요."

"그럼 아빠 보고 사달라고 그래."

"아빠는 엄마 보구 사달래요. 왜 어른들은 자꾸 미루지요?"

글쎄 말이다. 너도 어른이 되면 그 뜻을 알게 될 거야.

이따금 뭔가 사달라는 아이들 때문에 난처할 때가 있다. 한두 번 사주다 보면 습관이 되고 다른 아이까지 사달라고 해 젊은 언니 오빠 같은 선생님들은 특히 더 난처해한다.

꼭 약속한 것과 미리 준비한 것 외에 뭔가를 즉흥적으로 요구할 땐 부모님께 부탁드리라고 짧게 이야기한다.

그래도 아이들은 상처 받지 않는다.

철이 없어서 무조건 어른에게 사달라고 하는데, 안된다고 하면 그냥 그걸로 잊고 만다.

어느 겨울 날

　■　예배를 마치고 아이들 코트 입히고 엄마 기다리는 시
간. 옷 입히다 "아이고."

머리엔 동물 모자를 쓰고 요즘 유행하는 동물 마스크
를 하고 끈 달린 벙어리장갑을 끼고 긴 목도리로 목
을 칭칭 감고. 도대체 사람인지 동물인지.

그 둔한 짐승 모자는 누가 만들었을꼬. 그거 만든 사
람은 큰 벌금을 물어야 해. 차 타고 오고가면서 왜 그
리 온몸을 싸매고 오는 걸까.

그렇게 둔하게 입은 아이 하나가 결국 넘어졌다. 엎
어진 채 일어나질 못한다. 다쳐서가 아니라 옷이 둔
해서 못 일어난다. 내가 일으켜주는 데 마치 곰이 누
워있는 것 같다.

오뚜기 같애

아이가 활동하기 편하게 옷을 입혀야지 무조건 좋은 잠바로 싸매기만 하면 되나. 요즘 유행하는 스타일로 휘둘러주면 되나.

잘 놀지도 못하고 아이는 답답해 한다. 가까운 나라 일본의 엄마들은 겨울에 일부러 살짝 춥게 입힌다던데 우리 엄마들은 아이들을 너무 덥게 꽁꽁 싸매 입힌다.

초등학생만 되도 자기가 싫으면 불편한 점을 엄마한테 말하련만, 유치부 아이들은 자기 엄마가 해주는 대로 입고 오니 얼마나 답답할꼬.

■ 한 아이는 평소 소변을 너무 자주 본다. 조금 전에 데
리고 화장실에 다녀왔는데 또 나를 쿡쿡 찌르며
"쉬~ 쉬~" 한다.

또야? 아이고. 다른 아이들 관리를 못하겠다.

그래서 다른 보조 선생님에게 맡겨 다녀오게 했는데,
잠시 후 타이즈를 입은 채로 철철 오줌을 쌌다. 맙소
사. 자기도 당황했는지 엉거주춤 가만히 서있다.

어머니에게 전화하니, 예배 전이라 다행히 얼른 옷을
들고 오셨다. 팬티만 입히면 딱 좋을 날씨인데 타이
즈를 굳이 입히려고 하신다.

"어머니, 날이 더워요. 타이즈 입히지 마세요. 평소에
도 자꾸 벗겨달라 해요."

여전히 엄마는 아이에게 타이즈를 입히느라 애쓰고
아이는 타이즈를 안 입겠다고 발을 부빈다. 할 수 없
이 팬티만 입히고 가셨다.

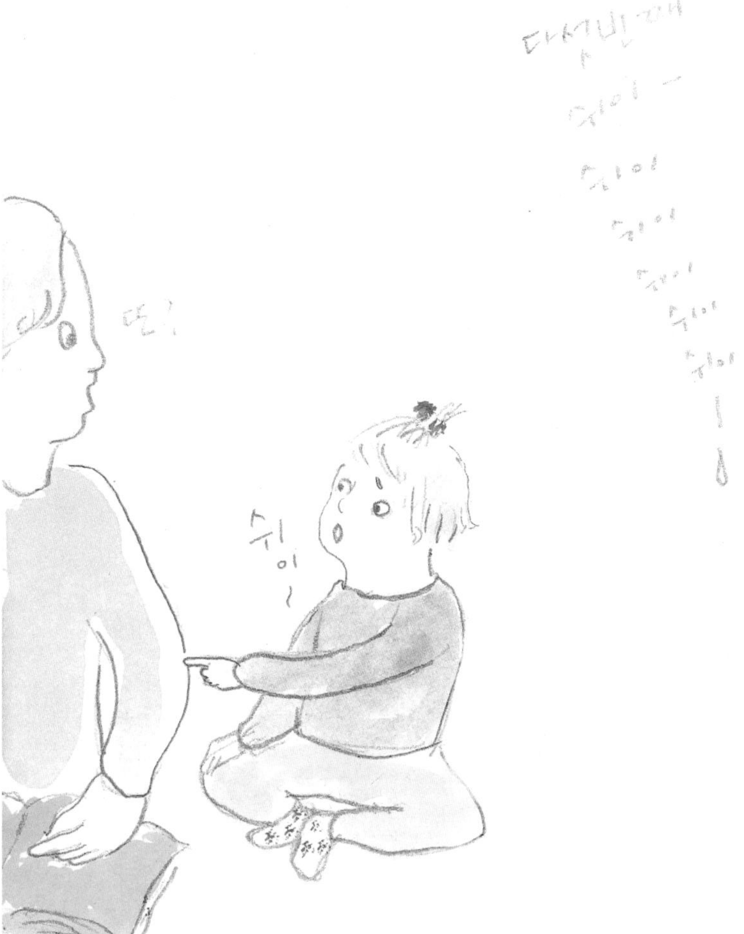
또?
쉬이~
다섯번째
쉬이—
쉬이
쉬이
쉬이
쉬이
쉬이
!

아이를 넷 키우고 몇 십 년 간 교회학교에서 아이들 가르쳐보니, 아이들은 덥게 입히면 싫어한다. 그런데 그리 춥지 않은 날씨에도 눈사람처럼 패딩을 입히고 더운 날에도 타이즈를 입힌다.

어느 전문가는 아이들은 발과 무릎에 열이 많아 계속 뛰어다니는 거라고 했는데, 조금 선선하게 입히는 게 활동하기에 좋겠다.

까불이는 조금 전에 무슨 일이 있었냐는 듯 원피스 차림으로 시원하게 신나게 뛰어다닌다.

아이들은 이래서 좋다. 새로운 분위기에 금세 적응한다. 뭐든 꽁하게 오래 생각하는 어른들은 이 점을 아이들에게 배워야 한다.

발
표
회

크리스마스 발표회 날 총 연습 시간, 안 온 아이의 엄
마에게 전화를 걸었다.

"무대에도 서 보고 무대 옷도 입어보고 이것도 공부
예요. 얼른 보내세요."

그제서야 아이를 데리고 오셨다.

엄마들은 핸드폰으로 아이들 사진을 찍느라고 야단
법석.

"우리 아이는 앞줄로 세워주세요."

울고, 자고, 오줌 싸고….

와! 크리스마스가 일 년에 한 번이라 다행이지.

■ 드디어 크리스마스 발표회가 시작됐다!

율동 연습 다 해놓고는 옷을 안 갈아입겠다 하고

엄마랑도 안 떨어지겠다고 했다.

갑자기 무대에 나가려니 불안했나 보다.

젊은 선생님이 립스틱을 가지고와 입술에 발라주니,

얼른 옷도 입고 율동도 잘 한다.

역시 어려도 여자는 여자야!

마라톤 10km 코스 완주를 했다.

그 주에 선생님들이 나를 앞으로 나오라고 해서

"꽃다발을 준비 못했어요. 꽃값이에요" 하며 봉투를 주셨다.

아이들은 영문도 모른 채 박수를 쳤다.

궁금해서 식당에서 열어봤더니 3만원이 들었다.

아, 건강 주신 하나님께 감사했다.

Part 3

어깨

순종하고 수고하면

하나님이 기뻐하신다

내 짐이 점점 무거워 질 때 주 예수 앞에 아뢰이면

주 께서 친히 날구해 주사 내 대신 짐을 져주시네

(찬송가 337장, 내 모든 시험 무거운 짐을 중에서)

Tempted and tried I need a great Savior. One
who can help my burdens to bear; I must tell
Jesus, I must tell Jesus. He all my cares and
sorrows will share.

■ 교회학교 교사를 맡고 세 번째 주일이었다.

어쭈구리.

이 녀석들이 몽땅 결석을 했네! 한 명 밖에 안 나왔네! 그 한 명도 바로 우리 아들놈이다.

큰일 났네! 이 녀석들이 다 어디로 갔지. 이거야 창피해서 어쩌나.

다른 반을 둘러보니 삼삼오오 모여 앉아있다. 전도사님이 내게 "능력이 없으니 그만 두세요" 할 것만 같았다. 우리 반만 한 명, 그나마도 우리 집 아들을 앉혀놓고 하려니…. 지금은 한 명을 놓고 해도 아무렇지 않고 뻔뻔할 수 있는데 그땐 어찌 그리 창피한지.

괜히 한다고 했나 두리번거려보니 전도사님이 안 보였다.

'어디 가셨지? 내가 창피해 할까봐 자리를 피해 주신

걸까'

별 고약한 생각만 들기 시작해서 앉아있을 수가 없었
다. 아들을 데리고 일어났다.

"가자!"

"왜?"

"글쎄, 일어나 봐. 가면서 얘기해줄게.

만약에 말이야, 다음 주일에도 너 혼자 뿐이면 너
2반으로 가라. 그렇게 합쳐야지 너 한 명만으로 엄마
가 어떻게 하니."

"싫어. 2반으로 안 가. 내가 전도하면 되잖아."

"그래 좋다. 그러면 네가 전도를 하면 우리 3학년 1반
이 그냥 있는 거고, 네가 전도를 못하면 2반이랑 합
치는 거다."

집에
어여 가자.
우리 반
너 하나야,
아유
챔피능비

그리고 다음 주일.

정말 아들이 친구를 데리고 왔다. 지난주에 안 나왔던 녀석들 3명도 나왔다.

아이고, 반갑고 예쁘다.

이 녀석들이 내 체면을 세워주니 이 마음이 개척교회 하시는 주의 종님들의 심정이겠구나!

■ 예배 끝나면 반 별로 모여 출석 부르고 성경공부하고
간식도 먹는다. 아이들은 모두 자기 반 선생님들 따
라서 간다.

오늘 우리 반 서 너 살 꼬마들이 엄마랑 떨어진 것만
도 다행인데 선생님이라고 내 뒤를 따라오는 걸 보니
참 신통하다.

꼬물꼬물 누에같은 애들이 뒤뚱뒤뚱 오리새끼들처
럼 줄을 맞춰 따라오는 걸 보니

이래서 교육이 필요하구나. 이래서 단체생활이 중요
하구나. 지금 집에서라면 이렇게 할 리가 없지. 엄마
품에서 어리광만 부릴텐데.

지난주에 울던 아이가 점점 덜 울고 울음 길이도 짧
아진다.

주일마다 변화가 있어서 다행이다.

■ 엄마가 우는 아이를 안고 떠나지 못하고 있다.

"왜 울어?"

여름성경학교 명찰을 선생님이 이름 써서 달아주기로 했는데 엄마가 이름을 썼다고 운단다.

"그래서 울었다고?"

선생님을 그렇게 따라주니 고맙고도 웃음이 난다.

아이가 유치원에 갈 즈음부터는 선생님이 아이에게 제일 영향력이 있는 사람이 되는 것 같다. 그때 하나님을 아는 씨앗을 심어주면 평생 간다.

탈선했다가도 나중엔 돌아온다. 어릴 때 뭣 모르고 교회학교 가는 게 나중에 보면 참으로 잘 한 일이다.

아이들이 뭐든 흡수할 때 하나님을 심어주고, '너는 하나님이 지으신 소중한 존재'라는 걸 알려주면 아이는 무의식중에 자신이 귀한 존재임을 확신하게 된다.

오늘밤 예배는 교육자들 음악 발표회가 있었다.

목사님이 독창을 하신 후 설교 말씀을 주셨다. 교인들 중 속 썩이는 사람들을 어찌할 수가 없어서 그런 연약한 마음을 일기장에 기록했는데 그 노트들을 부활절인 오늘 한아름 가지고 나와서 불에 태웠다고 하신다.

그 노트 속에는 나도 있을까 생각하니 죄송한 마음이 들었다.

그래, 내가 필요한 곳에서 죽도록 충성하리라.

목사님, 죄송합니다. 감사합니다.

■ 선생님들 사이에도 질투나 섭섭함에 문제가 생기기도 한다. 주인공이 되고 싶은 욕심이 생길 때도 있다. 내가 더 잘 하는데, 왜 나를 무시하나 싶은 생각도 든다.

자기도 모르게 옆 선생님과 겨루려고 한다. 그래서 예수님도, 아이들도 안 보이고 내 기분이 그날 예배의 중심이 될 수 있다.

그래서 '나는 나의 주인이 아니고, 하나님의 도구'라고 매일 기도한다.

도구가 다른 도구에 대해 비평할 것도 없고, 모두 하나님을 섬기는 데 다 저마다 쓰임 받는 소중한 도구임을 인정해야 한다. 주인공은 언제나 예수님이고 우리는 그저 도구들이다.

나는 언제까지 교회학교 교사를 할까.

내가 젊은 선생님들의 길을 막고 있는 건 아닐까. 이
제 젊은 사람들에게 기회를 내주어야 하지 않을까.

나이 든 선생님은 자꾸만 마음이 불편해지네.

새 친구가 왔는데 하필 앞니가 집에서 빠지지 교회 와서 빠졌다. 피도 안 나고 애도 멀쩡한데 엄마는 큰 일 난 것 같이 야단이다. 옆에 있던 아빠는 "어차피 빠질 건데, 뭐" 했다. 엄마는 어떡하든지 우리 유치부 에 탓을 하고 싶어 했다.

"그냥 왜 빠져, 저절로야 빠지겠어. 누가 밀쳤거나 싸 웠거나 했겠지."

이렇게 이야기하고 아이를 데리고 쌩하니 가버렸다.

교회학교 교사는 봉급을 받는 직장인이 아니다. 그 렇다고 사회 명예직도 아니다. 단지 스스로 하나님 께 헌신하고 아이들을 섬기기로 한 사람들이다. 그 래서 가끔 이런 일을 겪을 때마다 억울하고 아니꼬 운 생각도 든다.

하지만 예수님은 더 한 일도 당하셨다. 주님은 시몬 에게처럼 오늘 우리에게도 물으신다.

"시몬아 넌 날 사랑하느냐?"

"오 주님, 당신만이 아십니다."

"네가 나를 사랑하면 나의 양을 쳐서 길러다오."

주님 말씀에 순종하며

오늘도 나는 조용히 주님의 양을 기르렵니다.

■ 어느 주일 아침, 갑자기 불평이 생겼다. 왜 나에게 유
치부를 맡기셨나. 교육 전도사님을 쓰시지. 아니면
구역을 맡기지 마시든지.

구역 강사에, 유치부 부장에, 주중에 구역 심방과 유
치부 심방, 릴레이 기도에 강사 교육까지. 오라는 날
이 많고 감당할 부서도 있으니 아이쿠, 불평이 났다.

그러다가 주일 저녁 교회 소식지에 실린 아이들의 예
배드리는 모습을 보게 되었다. 얼마나 아름다운지.
아이들과 함께 한 내 모습까지도 아름다워 보였다.
천사도 흠모할 모습이구나. 참으로 나는 행복한 사람
이다. 이 어린 천사들과 같이 하니 얼마나 좋은가.

불평하던 마음을 내려놓으니 내가 할 수 있는 일이
있어서 감사한 마음이 들었다.

나이가 많이 들면 하고 싶어도 힘이 없어 못할 때가

있다. 또 하고 싶어도 상황 때문에 못할 수도 있다.

그러니 지금 이 순간 나를 써 주심에 감사해야지.

■ 내가 잘하고 있나. 나는 왜 어린 아이에게도 섭섭함
이 들고 때로 미운 마음도 들까.

저 선생님이 더 인기가 많네. 저렇게 답답한 선생님
이 애들에게 뭘 가르치지? 나를 업신여기는 건 아닐
까. 우리반은 한 명 아니면 두 명인데 내가 뭘 잘못
하고 있는 걸까….

처음엔 선생님도 낯선 환경에서 별 의문이 다 생긴
다. 누구나 하는 생각이다.

하나님 나는 부족해요. 내 힘이 아니라 은혜로 이끌
어 가주세요.

하나님께 지혜를 달라고, 나를 도와달라고 기도하
기를.

오병이어의 기적은 순종에서부터 시작됐다. "먹을 것을 가져와라" 하실 때 순종하고 보리떡 다섯 개와 물고기 두 마리를 구해온 일은 세상이 보기엔 어이가 없는 일이다. 그러나 주님 말씀에 순종한 순간 예수님이 일하셨다.

우리에게 맡기신 것에 순종해서 "네" 하고 대답하면 그다음 기적은 주님이 베푸신다.

■ 젊은 선생님이 찬양 지도 하시는데 정말 너무 못했다. 낮은 음은 할머니 같이 부르고 긴 멜로디 부분은 끊지 않고 쭉 연결해 가르치니 아이들이 배우기 힘들어한다.

맡은 역할을 잘 감당하기 위해서는 미리 연구해야 한다. 조금만 노력해도 아이들은 금세 변화를 알아차리고 아주 좋아라 한다.

나는 교회학교 교사는 학교 교사만큼 중요하다고 생각한다.

미국의 지미 카터 전 대통령은 퇴임 후 매 주일마다 교회학교 교사를 하며 아이들과 하나님을 섬겼다고 했다. 일주일 내내 집이 없는 사람들을 위해 집을 지어주는 봉사를 하다가도 주일만은 오직 교사로 헌신했다고 한다. 그 분이 시간이 많거나 할 일이 없어서 주일마다 교사를 했을까.

밖에서 보면 아이들과 함께하는 게 시시한 일처럼 보이지만 그렇지 않다.

교회학교 교사는 학교에서 줄 수 없는 예수님 사랑을 심어주고, 아이들 한사람 한사람을 이해하고 안아줄 수 있다. 가정환경에 따라서는 집에서도 학교에서도 기댈 수 없는 따스한 품을 느끼는 아이도 있을 것이다.

아이들의 평생의 신앙이 이 시기에 자기도 모르게 생겨난다. 교회학교에 이어 교회 생활을 계속 한 아이들을 잘 지켜보면 건강한 신앙을 갖고 자라고 혹시 사회에서 하나님을 잊더라도 다시 돌아온다. 어릴 때 심겨진 신앙 덕이다.

토요일은 주일을 준비하는 날로 정했다. 공과공부 내용을 도화지에 그리고, 아이들 집마다 전화하고, 교회에 필요한 가위 풀도 넉넉히 준비해서 반별로 관리하게 확인한다.

전화한 가정이 느긋하게 통화할 수 있을 때는 엄마들에게 말씀도 전하고 성경 구절을 꼭 말해줘서 마음에 익히도록 하고, 아이가 헌금도 정성스럽게 드릴 수 있도록 이야기해 준다.

■ 전도사님이 급히 나를 부르셨다. 젊은 선생님 두 분
이 우는 아이를 안고서 어쩔줄 모르고 있었다.
나는 얼른 일어나 젊은 선생님이 안고 있는 아이를
바닥에 내려놓고 "뚝!" 하고 손을 잡은 후 예배실로
데리고 들어왔다. 눈물을 그치고 나를 따라주는 아이
가 고마웠다. 젊은 선생님들이 "과연 부장님…" 하며
박수를 쳐 준다.

청춘 선생님의 에너지와 똑똑함, 어른 선생님의 느긋
함과 경험은 서로에게 필요한 자산이다.
청춘 선생님의 창의적인 생각과 어른 선생님의 집념
과 끈기는 또 그 세대만의 장점이다.

서로의 단점만 보면 소통이 어렵고 화합하기 힘들다.
서로 좋은 면을 보고 높여주어 조화를 이뤄가자.

■ 젊은 선생님들 중 누구는 피아노 잘 친다고 성가대에서 데려가고, 다른 한 명은 시험에 합격해 지방으로 교직 발령이 나서 갔다. 또 다른 선생님은 내년 시험에 합격하면 또 갈테고, 남자 선생님 한 명은 군대에 갔고….

젊은이들은 자주 인생의 항로가 바뀐다. 그때마다 잘 가라고 응원해줄 수밖에 없다. 새로운 젊은 선생님들은 반짝반짝 젊은 에너지를 주는 대신 자리를 오래 지키지 못하는 경우가 많다.

그래서 안정적으로 자리를 지켜주는 분들은 대부분 엄마 선생님, 할머니 선생님들이다.

젊은 선생님들은 아이디어와 힘찬 에너지를 공급해주고, 나이가 있는 선생님들은 배움은 부족하지만 젊은이들보다 연륜이 있다.

무엇보다 아이들을 향한 느긋하고 깊은 사랑과 여유
가 있다. 그러니 서로 존중해 힘을 합해야지.

■ 나는 뭐든 배우는 게 좋고 젊어서 못해본 것들을 다 시도해보고 싶다.

딱 한 가지 태권도는 안 된다고 태권도장에서 만류해 못했지만 요가, 자전거, 수영은 평소 꾸준히 하는 운동이다.

칠십이 넘어도 매년 3월엔 마라톤 대회에 출전했다.

뭐든 몸이 건강해야 할 수 있다. 그래야 의욕이 생기고 실천할 힘이 생긴다.

일본어 학교 수업을 3일이나 빠졌다. 대학생들과 같이 공부하니까 내 진도가 많이 뒤처질 줄 알았는데 뭐, 비등비등하다.

내 짝꿍인 장 선생님은 오늘부터 40분 거리를 걷기로 했다. 마라톤 하는 나를 늘 부러워하더니… 이렇게 하나씩 따라하면 점점 자신감이 생기고 건강해질 거야.

젊은이에게 칠십 할머니가 건강 롤 모델이 되니 기쁘다.

자기에게 맞는 운동 하나씩은 꼭 해야 한다. 건강해야 교회학교 교사도 할 수 있다. 안 그러면 무기력하고 뭐든 귀찮아진다. 평일에 근무하랴 주말에 교회학교 교사하랴, 이게 어디 쉬운 일인가.

나의 귀한 선택을 하나님이 기뻐하실 텐데 그것을 잘 감당하려면 몸이 가뿐해야 한다. 그래야 내가 맡은 직분을 기분 좋게 준비하고 싶은 의욕이 생기기 때문이다.

나이와 상관없이 오늘부터 운동 시작!

새 선생님이 오셨다. 겨우 고2.

유치부를 하겠다고 스스로 왔다.

그리고 자기가 만든 동영상을 보여주는데 솜씨가 제법이다.

앞으로 동영상을 맡겨야겠다.

Part 4.

눈

하나님의 적재적소

—

잘 살펴보기, 그리고 마음

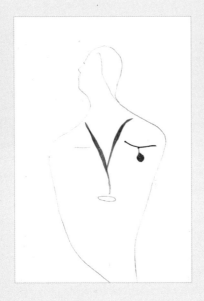

네가 굶주린 사람에게 열정을 쏟고 괴롭힘을 당하는

사람의 소원을 들어준다면, 네 빛이 어둠 가운데

떠올라서 네 어둠이 대낮처럼 밝아질 것이다.(사 58:10)

If you spend yourselves in behalf of the hungry

and satisfy the needs of the oppressed, then your

light will rise in the darkness, and your night will

become like the noonday.

■ 오늘 전도사님이 설교를 하면서 새로 사 온 교구를 처음 사용했는데 인기만점이다.

손, 발, 머리 각 신체기관이 실로 연결돼 움직일 때마다 아이들이 신기하고 재밌어 한다.

설교는 짧고, 그러나 인상적이어야 한다.

그림을 그리든 콜라주를 하든 교구를 사용하든 연극으로 보여주든 하여간 아이들이 느끼기에 재밌어야 한다.

똑똑한 저자가 쓴 책을 보면 글이 쉽다. 어렵게 설명하는 사람은 사실은 자기도 그 내용을 잘 모르는 것 같다. 완전히 이해하고 묵상하고 내 것으로 만들고 나면 쉽고 단순하게 전달할 수 있다. 성경의 줄거리만 줄줄 들려줄 것이 아니라 그 말씀에서 정말 하고 싶은 이야기의 본질을 잡아내어 아이들이 삶 속에서 스스로 적용할 수 있게 이야기해야 한다.

나도 더 재밌고 압축적인 표현들을 배우기 위해
동화나 시를 더 많이 읽어야겠다.

선생님 한 분이 준비한 다윗과 골리앗 이야기.

다윗이 물매를 던져서 골리앗을 쓰러뜨린 장면을 좀 더 실감나게 표현하려고 실을 잡아당기니까 골리앗 이마에 가서 돌이 딱 붙는다. 그림 뒤에 자석이 있었던 것이다.

아이들이 모두 놀라며 좋아했다.

다시 한 번 해 달라고 해서 쓰러진 골리앗을 일으켜 세우고, 다윗은 다시 물맷돌을 준비했다.

아이들이 좋아해서 참 다행이고 그 모습을 보는 나도 기뻤다.

이렇게 준비해준 선생님이 참 고맙다.

아이들은 말보다 그림과 움직임을 좋아한다. 아이들이 떠든다고 '조용! 조용!' 할 게 아니라 그림이든 동영상이든 무슨 자료든, 또 율동이든 연극이든 흥미를 갖도록 이야기를 '보여'주자.

일반적으로 아이들은 재밌으면 보고, 재미가 없으면 떠든다. 아이들은 십 초에 한 번 씩 움직인다. 그건 건강하다는 증거다. 그런 아이들을 집중시키려면 선생님이 미리 준비해야 한다.

눈
높
이

■ 아이들은 커 가는데 나는 부장으로 이따금 미안한 생
각이 든다. 새로운 프로그램이나 특별한 행사를 더
자주 못 만들어줘서 미안하다. 내가 현대식으로 못
가르치는 건 아닐까 미안하다.
젊은 선생님들 의견에 더 귀 기울여야겠다.

나이 많은 선생님들은 아이들에게 깊은 정을 주고 경
험이 많아 잘 보살피지만, 새로운 시대에는 새로운
표현 도구들과 행사도 자꾸 만들어야 해서, 젊은 선
생님들이 자유로운 아이디어를 표현하게 하고 실현
하는 것이 중요하겠다.

야외 나들이 후에는 늘 사진을 다 뽑아서 그 다음주에 각 반 선생님들께 전달했는데 이번엔 좀 더 재밌게 전해줄까? 긴 줄을 빨랫줄처럼 걸고 작은 나무 빨래집게로 사진들을 줄줄이 걸었다.

엄마들과 아이들이 자기 사진 찾느라 신이 났다. 엄마들이 아이들을 안아서 구경하고 자기 사진은 하나씩 떼어가고….

작은 것도 이벤트화 하면 즐거움이 된다. 여럿이 함께 하기 때문에 즐거움은 몇 배로 부풀어 오른다.

요즘은 핸드폰으로 사진을 전달하지만 인화해서 주면 아이도 가족도 아주 좋아하고 집에 가서 냉장고든 어디든 당분간 붙여놓는다. 요즘엔 사진 인화를 잘 안 하니까 종이 사진이 더 귀해졌다.

주중에 사진을 짧은 편지와 함께 우편으로 보내줘도 아주 좋아하겠지.

▪ 인서는 유치부에 온 지 1년이 지나 2년이 가까워오는데 아직도 우유병을 가지고 다닌다.

오늘 간식은 손가락 김밥. 인서가 자기 입에 넣었다가 옆에 앉은 우주에게 자꾸 먹이려고 한다. 우주는 싫다고 고개를 젓는다.

"인서야, 그건 엄마하고 하는 거야. 먹기 싫으면 그냥 뱉든지 해. 싫다는 우주한테 자꾸 먹여 주려고 그러지 말고."

몇 번을 자기 입에서 꺼내 옆에 우주에게 주는데도 우주는 한 번도 안 받아먹었다.

선생님들이 쳐다보고 모두 웃었다.

"권사님, 이제 우리 아이는 교회 안 간대요."

"왜요?"

"애들이 때린대요. 그래서 '너는 손이 없냐 너도 때려' 그랬더니 이제 안 간대요."

학교 가면 그런 애가 없나. 어디나 반드시 다 있다.

나도 참 입장이 난처하네. 너도 때려 해야 되는건가?

옛날에 셋방 살 때 큰 애가 맨날 주인집 아들한테 맞고 울고 오면 "너는 손이 없냐 왜 맨날 맞아 너도 때려" 했다. 어느날 밖에 나갔다 들어와 보니까 마당에서 우리집 아이가 주인집 아들을 깔고 앉아서 때리고 있었다. 아마도 그동안 참았던 것에 대한 복수였나 보다.

나는 얼른 뜯어 말리면서도 속이 다 시원했는데, 잘 했다고 칭찬은 못해줬다. 다행히 주인집 아주머니도 아무 말 없이 지나갔다.

오늘 딱 그 생각이 났다. 어느 녀석이 그랬는지 주일 날 가서 혼내줄까. 찬희에게 세상이 다 그런 거니까 힘을 길러서 남이 깔보지 못하게 하라고 할까.

남자 아이 한 명이 항상 슈퍼맨 옷을 입고 온다. 검은 선글라스까지 끼고 올 땐 아주 가관이다.

자기 딴엔 아주 멋있게 생각되나 보다. 자기가 선생님들을 놀라게 해준다나.

"선생님들, 빨리 와서 놀래요! 슈퍼맨이 나타났어요!"

내가 바람을 잡자, 선생님들이 일제히 놀란 표정을 짓는다.

"와~! 정말 슈퍼맨 같아!"

아이는 선글라스가 얼굴에서 떨어질까 봐 고개를 내
내 뒤로 쳐들고 있다.

"슈퍼맨, 교회 안엔 햇볕이 없으니까 안 써도 된다"
했는데도 끄덕도 안하며

"나는 슈퍼맨이거든요!" 한다.

가을이라 2부 순서로 강낭콩 까기를 했다. 너무 재미

있었다.

편지봉투를 하나씩 나눠주고 담아가라고 했다. 아이

들은 열심히 까는데, 한 녀석은 까지도 않고 남이 까

놓은 콩을 집어 자기 봉투에 가득 담는다.

꿀벌들도 일하는 꿀벌과 남의 꿀 가져가는 꿀벌이 따

로 있다더니….

"선생님! 얘 좀 보세요! 자기는 안 하고 남이 까놓은

것만 가져가요!"

"얘~ 너도 까야지 왜 그래?"

옥수수를 쪘다. 역시 이 녀석은 옥수수를 꽤나 좋아

하는 모양이다. 양 손에 두 개 씩 들고 다녔다.

"너는 왜 이렇게 많이 들고 다녀?"

"엄마, 아빠, 형아 거예요."

그렇다고 뺏을 수도 없고, 가족을 사랑하는 맘인가,

식탐 때문인가? 주여 어찌 하오리까.

어린이 주일에 고추모를 준비했다. 고추모에 빨간 리본을 달아서 예배가 끝나고 집에 갈 때 하나씩 줬더니 현관에서 난리법석이다.

가방을 둘러메쳐서 흙을 다 쏟은 아이, "한 개만 더 주세요" 하는 아이, 오줌을 바닥에 싸고도 손에 화분을 꼭 쥐고 있는 아이….

온통 교회가 고추모 천지, 흙 천지, 오줌 범벅.

아이가 눈만 뜨면 베란다에 달려 나가 고추모를 들여
다본다고 부모님들이 이야기 해준다.
흰 꽃이 피고지고 하더니 고추가 열려서 커가는 모습
을 매일 구경한다고.

얼마 후 아이 한 명이
"그때 받은 고추모가 이렇게 컸어요."
선생님 줘야 한다고 고추 5개를 가져왔다.
아이고, 예뻐라!
지난번 선물로 준 고추모를 이렇게 잘 키웠구나!
"이거 진짜 고추예요."
아이가 자랑스럽게 건넨다.

키우는 식물이나 먹는 채소들을 선물하면 모두 재밌어 하고 식물은 키워오기도 하고 열매를 가져오기도 한다.

제일 보람된 선물이다. 역시 생명은 누구나 소중히 대한다.

선생님
선물이예요!

교회에 여건이 된다면 아이들이 키울 수 있게 식물 채소 화단을 만들면 아이들의 정서 함양에 얼마나 좋을까.

일주일마다 오면서 자기 식물 돌보고 키우면 아픈 마음들도 힐링되고 답답한 마음도 잠시 잊지 않을까.

사람은 무언가를 돌볼 때 오히려 자기 상처가 치유되는 것 같다.

고추모니 채소니 농산물을 선물로 주면 키워가며 수확을 하기도 하고 먹기도 하면서 온가족이 즐거워한다. 아이는 그것들을 통해 작은 자연공부를 하기도 한다.

또 농산물로 놀이를 해도 싱싱한 놀이가 된다. 앉아서 두런두런 강낭콩을 까면 아이들은 마음이 차분해지고 또 이야기에 몰입하게 된다. 서로 이야기도 잘 들어준다. 다 까서 가져가면 엄마도 즐거워한다.

플라스틱 장난감을 만질 때와는 또 다른 촉감과 생명의 즐거움을 누린다.

그리고 그런 때에 말씀 하나를 알려준다.

"우리는 심고 하나님이 키우신다"고.

농작물을 간식으로, 놀이로, 선물로 사용하는 것은 촌스러우면서도 동시에 미래적인 거라 생각한다.

톡톡 까미니 솔콩콩

이야기 톡톡

■ 옛날 우리 엄마는 학교 선생님이셨는데 주일날은 교
회학교 교사를 하셨다.

전쟁통 피난길에 어느 마을에 일정 기간 살 때도 엄
마는 아이들을 모아 이야기와 노래와 연극을 가르쳐
주셨다.

어느 해에는 크리스마스 기념 행사를 위해 아이들을
가르치고 무대를 준비 시키셨다. 매일 달이 훤한 마
당에서 노래와 연극을 가르쳐주시면 아이들은 그게
재밌어서 다 모여 열심히 했다.

나는 노래를 잘했다. 무용도 잘 할 수 있는데 무용은
안 시켜주고 노래만 시켰다. 그게 어찌나 서운했는지
진짜 내 엄마가 아닌가 보다 하고 울었다.

엄마는 동네 장정들을 모아 무대까지 만들었다. 크고
작은 나무를 잘라 무대를 만들고 전기가 없으니 무대

사방에서 남자들에게 횃불을 들게 해 공연장을 환히 밝혔다. 무대 커튼은 우리집 이불 홑청을 뜯어 만들었다. 엄마는 분명 창의적이고 열정적인 분이었던 것 같다.

엄마의 등에는 나의 막내 동생이 업혀 있었다. 엄마는 이불 홑청 무대 뒤에서 "이제 네 차례야" 하며 아이들을 차례로 무대 앞으로 보냈다.

그날 밤은 온 동네 사람들 마음속에 달이 휘영청 떴을 것이다. 피난길에 얼마나 따뜻하고 감동적이었을까. 아이들을 보며 모두 힘을 냈을 것이다. 공연한다는 소문이 나서 건너 마을 사람들까지 보러 왔다.

엄마는 결국 내 나이 여덟 살, 병환으로 돌아가셨지만, 교회학교에 대한 꿈은 아마도 자연스럽게 엄마로부터 내게 옮겨온 게 아니었을까.

공부 외에도 다른 거 잘하는 녀석들도 많다.

하나님이 저마다 다르게 만드셨으니.

잘하는 것들을 연구해서라도 끄집어내고

영 없어보여도 만들어내 자주 칭찬하자.

어쩌면 어떤 아이에겐 기적의 비료가 될 수도 있다.

Part 5

귀, 입

잘 들어주기가 사랑하기의 첫째,

――― 그리고 칭찬해 주기가 둘째

기분 좋은 말은 꿀 송이 같아서 영혼을 즐겁게 하고

아픈 뼈를 고치는 힘이 된다. (잠 16:24)

Pleasant words are a honeycomb, sweet to the

soul and healing to the bones.

3학년을 맡았을 때, 어느 날 교회 가는 길에 우리 반 아이를 만났다.

세 명이 같이 교회 언덕을 오르고 있었다.

그 중 한 명이

"선생님, 내가 야한 얘기 해줄까요?"

"뭔데?"

"어느 날 방문 열고 들어가니까요, 엄마 아빠가 붙어 있었어요. 그런데요, 아빠가 하는 말이 동생을 만들어 준대요."

"나는요, 우리 엄마한테 제일 싫은 게 있어요."

"뭔데?"

"손톱에 빨간 매니큐어 칠한 거요."

"그럼 엄마한테 말하지."

"나랑 아빠랑 말을 해도 안 돼요. 그러구요, 엄마는 누가 집에 온다고 하면 빨래를 옷장에 막 집어넣어요. 세탁기에 넣어야 할 것들도 옷장 속에 막 넣어요.
그러면서 나한테는

'이 옷은 세탁기에 넣어라 이 옷은 옷장에 넣어야
지…' 그러세요."

아이들은 묻지도 않는 이야기를 앞 다투어 한다. 어
른들은 하지 못하는 민망한 이야기들을 서로 경합하
듯 마구 자랑스럽게 한다.

어느 날은 "우리 엄마는요, 지금요 따로 살아요. 엄마
는 서울에서 혼자 살아요" 한다.

"잠바를 좋은 걸 입고 왔네, 멋있다!"
이야기 하면
"이거요? 우리 엄마 남자 친구가 사줬어요."
더 물어볼 수도 없고…

아이들은 아무것도 주장할 수 없고 그저 상황을 받아들일 수밖에 없다. 부모가 싸우든 이혼하든 아이들은 그저 받아들일 수밖에 없다.

■ 엄마별이 올라갑니다.

아빠별이 올라갑니다.

둘이서 만났습니다. 반짝!

머리 위에 앉을까. 너무 높잖아.

어깨 위에 앉을까. 흔들리잖아.

찌찌 위에 앉을까. 창피하잖아.

배꼽 위에 앉을까. 너무 좁잖아.

엉덩이에 앉을까. 냄새 나잖아.

무릎 위에 앉을까. 그게 좋겠다.

내가 좋아하는 동요. 율동을 같이 하면 아이들이 재

밌게 따라한다.

이렇게 따뜻한 엄마별 아빠별 가정만 있으면 얼마나

좋을까.

사이좋은 부부 관계가 아이들에겐 제일 큰 선물이다.

■ 오늘 설교를 하는데 아이 한 명이 "선생님, 왜 같은 말을 두 번 해요?" 한다. 그래서 얼른 중요한 사항만 이야기하고 끝냈다.

아하, 두 번 같은 내용을 말하면 애들이 싫어하는구나. 두 번 째부터는 잔소리가 되는구나. 말하는 사람만 모르는구나.

이제 앞으로는 두 번 말하지 않도록 주의해야겠다.

어느 해 여름성경학교 때 변두리 초등학교로 유년부 아이들을 데리고 갔다. 교회버스가 출발하자 재잘재잘 시끌벅적 아이들 떠드는 소리가 참새를 한 차 싣고 가는 것 같았다.

처음엔 좋아라 버스가 떠나갈 것 같더니 40분 정도 지나니 여기저기서

"머리 아파요."

"토할 것 같아요."

"울렁울렁해요" 한다.

얼음을 먹여도 주고 머리 지압도 해주고 손가락 끝을 꾹꾹 눌러주고 내가 아는 민간요법을 다 써봤다.

나아지기도 하고 결국 멀미를 하는 아이도 있고.

다음엔 멀미약을 미리 먹도록 챙겨야겠다.

■ 버스가 드디어 학교 운동장에 도착. 나무에서 시원한 매미소리가 우리를 환영했다. 체육관에 여장을 풀었다. 체육관은 널찍하고 시원했다.

"오느라 수고했어요. 마음대로 누워요."

아이들은 벌렁벌렁 누웠다. 선생님들도 벌렁~! 달콤한 휴식시간이다.

저녁엔 운동장에서 모닥불을 피워놓고 감자를 구워가며 둥그렇게 둘러앉아 불빛에 얼굴을 마주보며 두런두런 얘기를 나누었다. 아름다운 여름밤이었다.

다음날 아침 눈을 뜨니 어디선가 똥 냄새가 났다. 옆에 있는 선생님을 흔들었다.

"선생님, 어디서 똥냄새 나. 누가 똥 쌌나봐."

"그러게요."

일단 아이들을 깨워서 밖으로 다 내보냈다. 아침 체

조시간이다. 여자 선생님들이 코를 킁킁거리며 냄새 나는 곳을 찾기 시작했다. 냄새를 따라가 보니 가방을 모아둔 곳에 다다랐다. 선생님들은 가방을 하나씩 들고 냄새를 맡기 시작했다. 처음엔 다 냄새가 나는 것 같았다. 그 중 하나 지독한 똥냄새.

"캭! 이거다!" 숨이 막힐 지경이었다.

1학년 아이 가방이었다. 밤에 똥싼 바지를 벗어서 가방 속에 넣은 것이다.

어린 것이 밤중에 이 엄청난 사건을 혼자서 어떻게 수습을 했지? 불빛도 어두침침한 데서.

똥장군! 너는 장한 녀석이다. 이다음에 큰일을 해낼 것이다. 똥장군 파이팅!

"너는 달리기를 잘하잖아."

"정리를 잘하잖아."

"목소리가 크잖아."

"남을 잘 돕잖아."

공부 잘하는 아이들은 학교에서 칭찬을 많이 받으니 교회에선 면박을 많이 받아왔을 아이, 자기를 드러내기를 늘 주저하는 아이, 사랑이 부족한 아이들에게 선생님이 비료와 물을 많이 줄 수 있다.

일주일에 고작 한 시간이지만 그게 정말 일등 비료가 될 수 있다. 아이들은 아직 스펀지처럼 받아들이고 말랑하기 때문이다. 좋은 교육은 아이들을 성장시킨다.

공부 외에 다른 것을 잘하는 녀석들도 많다.

하나님이 저마다 다르게 만드셨으니 잘하는 것들을

연구해서라도 끄집어내고 영 없어보여도 만들어내

자주 칭찬하자.

어쩌면 어떤 아이에겐 기적의 비료가 될 수도 있다.

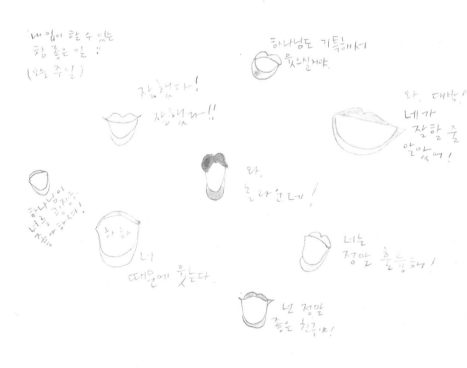

■ 울음소리도 가지가지 우는 이유도 가지가지. 엄마만 떨어지면 엉엉 흑흑 꺼이꺼이.

서럽게 울어도 먹을 것, 재미난 음악만 나오면 금세 환해지는 얼굴들.

하나님이 기뻐하시는 천진한 마음들.

하나님은 찬송과 이 울음소리 중 어떤 걸 더 좋아하실까.

내가 봐도 이쁜데 하나님이 보시면 얼마나 이쁠까.

지금 너희들 울음을 하나님이 보시고 계시지.

나중에 커서 진짜 속 깊은 울음까지 하나님은 다 받아주실거야.

우리 반에 다섯 살 된 아이 한 명이 엄마와 안 떨어지려고 악을 쓰고 운다. 이 선생님 저 선생님 강제로 애를 붙잡으니 유치부가 떠나갈 듯이 더 운다.

예배를 드릴 수가 없어서 화장지로 눈물을 닦아주며 "그래 그럼 엄마한테 가자" 하고 손을 잡고 나오니까, 전도사님이 "권사님 안 돼요. 대예배실에 가면 아빠가 맴매한대요" 하신다.

맴매 맞을지 안 맞고 제 자리로 돌아갈 것인지를 아이가 선택하게 해줘야 한다. 그래서 손잡고 유치부실을 나왔더니 울음을 뚝 그친다. 대예배실 앞에 와서 "엄마에게 갈래?" 물으니 고개를 절레절레 흔든다. 그럼 "본당에 아빠한테 갈래?" 물으니 또 고개를 절레절레.

"아빠에게도 엄마에게도 못 가면 여기 서 있을래?"

고개를 절레절레.

"유치부실에 돌아갈래?"

고개를 끄덕끄덕.

그제야 내 손을 잡고 다시 유치부실로 돌아왔다.

예배 마친 후 아이 귀에 대고 속삭여줬다.

"종명아, 예배 잘 드려서 예뻐. 다음에 선생님이 선물 갖고 올게."

또 고개를 끄덕끄덕.

■ 울보 찬민이가 왔다. 엄마는 성가대에 가야 하는데 안 떨어지려고 운다. 하여튼 울보는 다 우리 반이다. 내가 번쩍 받아 안으니 멀쩡히 울음을 그친다.

간식 시간, 피자를 먹는데 찬민이는 피자 가운데 부분만 쏙쏙 먹고 또 새 것을 집어 든다.

다른 아이들 하나 먹는 동안 세 개를 집어 든다.

엄마랑 떨어질 때 울기는 되게 잘 울고 피자는 또 되게 잘 먹네!

우리반 아이들이 15명 정도 되는데 다 다르다. 노는 것, 먹는 것, 하는 행동, 어쩜 그렇게 다를까. 저마다 잘 하는 것도 다 다르다. 크레파스로 그리기를 잘 하는 아이, 가위질과 붙이기를 잘 하는 아이, 기도를 잘 하는 아이, 잘 먹는 아이, 인사 잘 하는 아이, 끊임없이 돌아다니기 잘하는 아이….

하나님이 다 다르게 만들어 주셨으니, 잘하는 걸 칭찬

해 주고 인정해 주는 선생님이 아이들에겐 필요하다.

학교엔 학생이 많고 공부할 게 많아 선생님이 일일이
한 명씩 잘 하는 걸 파악하고 키워주기 쉽지 않지만,
교회학교는 아이들이 적으니 선생님이 아이들을 더
잘 파악해 주어 아이에게 그리고 부모님에게도 그 장
점을 전해 주면 좋다.
일주일에 단 한 번이라도 아이들에게 한 명 씩 진심
으로 눈을 맞추고 격려해 주면 막 자라는 나무에 물
과 비료를 주는 것과 같다.

특히 부모님이 아이 성향을 모르는 경우가 있어서 부
모님에게 "이 아이는 무엇을 참 잘 하고, 어느 성향과
기질이 뛰어나다"고 이야기해 주면 부모님은 더욱 선
생님을 신뢰하고 가정에서 아이를 더 관심 있게 볼
것이다.

아이들이 울면 선생님들은 무조건 내게 데려온다. 대체로 내가 다 달래는데, 이 아이는 좀처럼 안 그쳐서 "그래, 그럼 가자. 신발 신자" 하고는 신발장 앞에서 시간을 괜히 끌어본다.

여자 선생님 하이힐을 들고,

"이거 니 신발이야?"

고개를 절레절레.

다음에 남자 선생님 운동화를, 구두를, 별별 신발을 다 들고 이거니 저거니, 했더니 신발 찾느라고 울음을 그치고 자기 찍찍이 신발을 찾아들고 왔다.

신발을 신겨주고 손잡고 나와 대예배실로 갔다. 사람이 가득 찼다.

"엄마 어디 있는지 찾아보자."

그때 성가대 입장. 엄마가 보일까봐 얼른 막아섰다. 마침 맨 뒤 의자에 앉으셔서 안 보인다.

아! 그때 예배당 뒷자리 사탕 바구니가 생각났다. 잘

됐다! 아이를 데리고 뒷자리에 앉아 사탕을 골고루 골라서 주머니에 넣어줬다. 사탕 고르느라 엄마 생각은 까맣게 잊어버렸다.

두둑한 주머니를 두드리며 "이제 유치부로 갈까?" 하니 순순히 따라온다. 예배실에 다시 와서 사탕을 행복하게 먹는다.

그 옆에 친구가 사탕을 보고 다가와서 "하나 나눠 줘" 하니 나눠주고 같이 잘도 먹는다.

■ 공과공부 시간. 하나님이 창조하신 빛과 어둠을 설명하니 아이 하나가 한쪽 눈은 뜨고 다른 눈은 감은 채 눈을 뜬 쪽을 손짓하며

"이게 빛이예요!"

다른 감은 눈을 가르키며

"이게 어둠이고요!"

정말 실감나는구나! 그래, 꼭 맞구나!

나도 따라서 해보고 모두들 따라서 해본다.

녀석 정말 천재구나!

공과공부 시간은 성경의 지식을 공부하는 시간이기도 하지만 아이들과 친해지는 시간이다. 아이들에게 내용의 세세한 것까지 가르치기보다 그날의 중요한 내용만 집중해서 명확히 가르쳐 주고, 그에 대해 서로 함께 이야기를 나누는 것이 좋은 것 같다.

하나님이 창조하신
빛과 어둠

어둠!

빛!

많이 물어보고 같이 생각하고 다른 의견들을 들어주자. 선생님 혼자만 마음 급히 지식을 전해 주기보다 아이들과 쌍방통행이 좋다.

우후죽순 마구 끼어든다면 "내가 먼저 이야기 해주고 나면 그 다음 너희 차례야. 조금 기다릴 수 있지?" 하고 기다리게 하며 내용을 전한 후, 아이들이 의견을 이야기하는 시간을 준다. 시시한 이야기에 반응해 주고 의미를 부여해준다.

어려서부터 남의 이야기를 듣고 반응하고 다시 그 이야기에 덧붙이거나 반대 의견을 나누거나… 이렇게 여러 명이 이야기하는 분위기를 계속 만들어 주면 좋겠다.

아이들은 생각이 자유로운 시기라 때로 황당한 질문을 할 때도 있고 전혀 생각지도 못했던 질문을 할 때도 있다. 그럴 때 선생님이 모른다고 말하는 건 부끄러운 일이 아니다.

나는 아이들에게서 모르는 질문을 받으면
"지금 모르겠는데, 공부해서 다음주에 알려줄게" 혹은
"나는 잘 모르겠어. 목사님한테 물어볼게"라고 말하거나,
"난 모르겠는데 너는 아니? 아니면 너는 아니? 너는?
너가 공부해서 다음주에 선생님과 친구들에게 좀 알려줄래?" 라고도 한다.
아이들은 선생님을 무식하다고 생각하는 게 아니라 친구 같다고 손잡고 싶어 한다. 진짜 함께 있다고 느낀다.

우리나라는 언제나 아이들에게 먼저 꽉꽉 가르쳐 주고 채워주려고만 한다. 그 아이가 생각할 줄 알고 실수할 줄도 알고, 그러면서 마침내 답을 찾아가는 과정을 주지 않는다. 여백이 하나도 없다.

아이들은 생각보다 굉장히 똑똑하다. 그리고 먼저 고민하게 해줘야 답을 알게 되어도 머릿속에 쏙 들어간다. 아이들을 믿는다면 아이들이 먼저 생각하고 탐구할 수 있는 시간을 주는 게 좋은 것 같다.

아이의 의견이 다르면, '새로운 생각을 했구나' 하고 인정해 주고 사람들 앞에서 치켜세워 준다. 그래야 자기표현에 자신감을 갖고 학교에서도 사회에서도 아이들이 더 당당해질 수 있다.

■ 어느 해 겨울에는 눈이 엄청나게 많이 왔다. 나는 3학년 여자 반을 맡았는데 우리 반에는 도벽이 심한 아이가 한 명 있었다. 선생님들 지갑이 그 아이 손에 모두 없어질 정도였다. 그 솜씨가 얼마나 날쎈지 기도하는 순간 벌써 지갑이 사라지기 일쑤였다.

심지어는 동네 사람이 교회에 와서 교회에서 도둑질을 가르쳤냐고 난리를 친 경우도 있었다. 어르고 달래도 보고 공과 내용을 바꾸어서 도벽이 나쁜 것이라고 강조도 해봤다. 그러나 그때뿐이다. 나도 몇 번 지갑을 털렸다.

처음 이 아이를 맡았을 때 이전 담임 선생님이

"이 아이는 도벽이 심해요. 조심하세요"라고 귀띔을 해주기도 했다.

그 날도 예배 후에 지갑이 없어졌다.

"너 선생님 지갑 어떻게 했어?"

"화장실 쓰레기통에 버렸어요."

태연하게 대답한다.

"안되겠다. 너 이런 버릇 있는 거 엄마가 아시니?"

"몰라요."

"학교선생님은 아시니?"

"몰라요."

"내가 너네 엄마거나 학교 선생님이면 너를 때려서라도 이 버릇을 고쳐야하겠는데 엄마도 아니고 학교 선생님도 아니니 너를 때려서 버릇을 고칠 수가 없구나. 일어서라, 파출소로 가자" 했더니 벌떡 일어서서 자기가 앞장을 선다.

나는 단순히 겁을 주려던 건데 아이가 앞장을 서니 난감했다. 아이가 앞장서고 내가 뒤따르고 기가 찰 노릇이었다. 앞서거니 뒤서거니 하고 교회에서 백 미터 정도 오니 세 갈래 길이 나타났다.

"자, 지금부터 네가 결정해라. 위쪽으로 가면 파출소

가는 길이고, 가운데 길로 가면 학교 가는 길이고, 집으로 가는 길은 아래쪽이다. 어느 길로 갈래? 다시 한번 잘 생각해봐라."

아이는 "위쪽이요!" 하고 파출소 가는 길을 택했다.

이 아이를 파출소에 데려가서 "내가 교회 선생님인데요, 얘가 도벽이 심해요" 하면 내가 부끄러울 테고 안 되겠다.

"날 따라와!"

손을 잡아끌고는 눈이 푹 쌓인 뒷골목으로 갔다. 아이를 벽에 바짝 붙여놓고 "무릎 꿇어!" 벼락같이 소리를 질렀다. 갑작스런 내 태도에 놀라 겁에 질리는 표정이었다. 아이는 무릎을 척 꿇고 앉더니 "선생님 잘못했어요. 선생님 잘못했어요" 하면서 싹싹 빈다.

"파출소 가면 어떻게 되는지 알아? 네가 아직 어려서 엄마를 데려오라 한단 말이야. 엄마가 너 대신 감옥에 가면 네가 밥하고 빨래하고 동생 키울 수 있어?"

"못해요. 선생님, 한 번만 용서해 주세요. 다시는 안 그럴게요."

나는 그 아이의 손을 얼른 잡고 눈구덩이에 둘이 앉아 기도했다.

"하나님, 남의 것을 탐내지 않게 해주세요. 다시는 이 아이가 도둑질을 안 하게 해주세요."

같이 울며 기도했다.

주님께서 '네가 나를 사랑하면 내 양을 쳐서 길러다오' 하셨기에 오늘도 당신의 양을 키우렵니다.

다음 날부터 걱정거리가 생겼다. 이 아이가 교회에 안 오면 어떡하나 하고.

그 한 주간은 그 아이를 위해 새벽기도를 드리며 눈물의 재단을 쌓았다.

다음 주일이 되었다.

교회에 안 오면 어떡하나 아주 교회를 떠나지 않을까

하는 마음으로 예배실에서 신발을 벗는 순간, 그 아이가 "선생님!" 하면서 두 팔을 벌리고 뛰어와 내 가슴에 안겼다.

나는 너무 고맙고 감사했다. 사랑스러웠다. 그 후로 그 아이는 도둑질을 멈췄다.

지금은 자라서 어엿한 엄마가 됐을 것이다. 지금도 교회에 갈 때마다 그 길을 지날 때면 그 옛날 눈 쌓인 골목에서 있었던 일이 생각나 그 벽을 한 번씩 쳐다보고 간다. 그리고 그 아이의 이름을 불러본다.

1부 예배를 마치고 어린이 예배를 드리러 간다.

군중 속에서 다섯 살 아영이가 나를 발견하더니

고사리 같은 손바닥을 쫙 펴고 손바닥을 맞추자고 내밀었다.

나는 얼른 손바닥을 펴서 아영이의 작은 손바닥에 '짠' 하고 맞춰주었다.

Part 6

손,발

선생님이 노력하면
— 아이들은 즐겁다

많은 사람들을 의로 이끄는 사람은 별처럼 영원히 빛날

것이다.(단 12:3)

Those who lead many to righteousness, like the

stars for ever and ever.

■ 집집마다 한 두 명인 자녀들.

유년부엔 60여 명이 한 군데 모이니 얼마나 난리일꼬.

예배 시간에 앉아있는 녀석들도 있지만 엄마랑 안 떨

어진다고 현관에서 우는 녀석, 미끄럼틀 올라가 있는

녀석, 장난감 자동차를 몰고 다니는 녀석, 손가락으로

밖을 가리키며 나가자는 녀석, 제 집 거실인냥 예배

시간에도 뒹굴뒹굴 굴러다니는 녀석, 쉬 마렵다는 녀

석, 물 마시겠다는 녀석, 오줌을 그냥 서서 절절 싸는

녀석, 기저귀 차고 오리 궁둥이로 돌아치는 녀석….

그래도 이 아이들이 잘 아는 것 두 가지가 있다.

첫째는 엄마.

둘째는 먹는 거다.

애들아~ 놀자~!

■ 권사님~ 권사님~

새로 온 총각 선생님이 다급하게 화장실에 와 보시라

고 나를 부른다.

"남자 아이 쉬 누이려고 화장실에 데려와 바지 내려

보니까요 기저귀를 하고 있네요. 어떡하죠?"

"어떡하긴. 다시 기저귀 찍찍이 붙여서 채우고 기저

귀에 그냥 오줌 누게 하면 되지."

우리 반 꼬마들이 나를 기다리고 있어서 얼른 답해

주고 달려왔는데 생각해보니 웃음이 난다.

키가 멀쑥하니 큰 총각 선생님의 난처한 표정.

아무리 대학을 다니고 군대를 다녀와도 그래, 그런

일은 처음이지.

누군가를 돌본다는 게 익숙하지 않지. 그때부터 어른

이 된다우.

■ 남자 아이가 집에서 놀다 소파에서 떨어졌단다. 코가 옆으로 퍼렇게 멍이 들고 선글라스를 쓰고 앞에서 울고 서 있었다. 그래도 온 게 다행이다.

잠시 후 언제 그랬냐는 듯 친구들과 뛰놀고 율동도 잘했다. 어른 같으면 이렇게 얼굴이 퍼렇게 멍이 들었으면 창피하다고 교회에 안 올텐데 대견하네.

일부러 핸드폰 사진을 찍어줬다.

너 장하고 대견하다고.

얼른 프린트 뽑아서 줘야겠다.

요란한 울음소리가 나서 달려가 보니 오줌을 쌌다. 오줌 싼 바지를 벗기고 있는데 뭘 잘했다고 우는지 나 원 참, 오줌 싼 바지를 벗기니 창피한 줄도 모르고 그냥 막 뛰어다닌다.

오줌 싼 옷을 비닐에 넣어 줬더니 이 아이가 다른 아이에게 건네준다. 다른 아이는 뭔지도 모르고 그 바지를 받아들고 간다.
아니야. 그거 네 거 아니야.

싸웠는지 장난감을 뺏겼는지 어디 부딪쳤는지, 아픈

건지 노는건지, 남자 아이가 벌떡 드러누워 버린다.

나는 권투 선수 심판처럼 아이 옆에서 손바닥으로 땅

을 치며 하나, 둘, 셋, 넷, 다섯을 외쳤다.

녀석이 '키키' 웃는다.

다른 꼬마 두 명이 오더니 녀석의 팔을 하나씩 올려

든다. 내가 두 다리를 번쩍 들고 가니 모두가 웃었다.

유치부 여자 아이가 내 손에 매니큐어를 칠해준다.

"이거 엄마랑 500원 주고 샀어요."

"햐~ 이렇게 조그만 매니큐어도 있어? 손가락 한마디야."

나는 원래 빨간색을 안 바르지만 유치부 여자 아이가 해준 거라 고맙기도 하고 창피하기도 했다. 그 매니큐어를 바른 채로 하루를 지냈다.

■ 쪼그만 녀석이 얼마나 한문을 잘하는지

나는 그 녀석 때문에 한문을 배웠다.

열심히 쓰고 외우고.

이 녀석 한문을 언제 배웠지?

교회 버스를 타니 내 옆에 바짝 앉았다. 문자도 제법

알아서 주고받으니 아주 재밌었다.

"2인지사 3인지행이라."

어른스럽게 문자를 읊는다.

"무슨 뜻이야?"

"3명이 걸어가면 한 사람은 나고, 한 사람은 나만 못

하고, 한 사람은 나보다 낫고. 두 사람 다 스승이라."

"와~"

버스 안 사람들 모두 박수를 쳐줬다.

한자를 잘 하는 그 녀석 덕분에 나도 시험을 봤다. 한자 합격 통지서가 왔다. 5급을 합격 했으니 4급에 도전하라는 통지서다. 4급 시험을 보러 시험장에 들어갔다. 시험장에 익숙한 얼굴이 보인다.

"와, 선생님! 선생님 왜 왔어요?"

"한문 배우려고 왔지."

"배워서 뭐 하게요?"

"네가 오니까 나도 왔지!"

"나 온 거 어떻게 알았어요?"

"네가 여기로 쏙 들어 오더라~ 그래서 나도 쏙 들어왔지!"

아이들에겐 '너의 일에 관심 있다. 나도 재밌다. 너와 함께'의 느낌이 아주 중요한 것 같다. 친구가 되는 것이다. 그러면 마음을 열어준다.

선생님이 노력하면 아이들은 즐겁다

■ 오늘은 달란트 시장이 열리는 날.

각자 출석하며 하나씩 모은 달란트로 일 년에 네 번 있는 달란트 잔치에 참여하는 것이다.

나는 콩나물을 한 통 들고 갔다. 서리태 콩도 세 되 가져갔다. 아이들에게 비닐 봉투를 한 장씩 나눠줬다. 달란트를 가지고 돈처럼 내기도 하고 거슬러 받기도 하고 자기가 사고 싶은 거를 찾아 다니며 모두 신이 났다.

달란트 잔치에서
내가 산 콩이다.

내가 가져간 서리태 콩을 산 녀석은 평소 콩밥을 전혀 안 먹었는데 집에 가져가서 자기가 산 콩으로 콩밥을 해달라고 해서 먹었다고 부모님이 나중에 이야기 해주셨다.

어떤 어머니는 전화로

"현금은 안 받고 달란트만 받는다면서요? 다음주 달란트 잔치에 쓸 달란트가 별로 없는데, 달란트를 살 수는 없나요? 애가 집에 와서 울어요" 하신다.

그러게, 교회를 빠지지 말고 오지. 자꾸 빠지니까 달란트가 없지. 출석만 잘 해도 2달란트씩인데.

당일에 아이들이 그간 모은 달란트를 한 주먹 씩 가지고 왔다.

"물건이 다 없어지기 전에 얼른 얼른 사.

이건 5 달란트. 이건 10 달란트. 무 배추도 있네.

어, 파도 있네."

교회 지하실이 시장통 같아.

"이건 얼마예요? 저건 얼마예요?"

선생님들은 판매원. 아이들은 손님.

■ 처음으로 예배 중에 동영상을 본 날. 장로님들이 교육부에 사주셨다. 세상에! 내가 편했다.

처음에 집중하던 아이들은 그새 딴 데 신경쓰고 산만산만….

나는 다시 목소리로 각종 사람, 짐승 소리를 냈다. 내 목소리가 날 때는 조용하다가 동영상으로 그림이 나오면 또 떠들기 시작한다.

동영상 속 소리와 그림 실력은 내가 못 따라가도 아이들은 앞에서 실제 선생님이 해주는 생생한 이야기와 엉성해도 열심으로 그린 크레파스 그림이 재미있나 보다.

동영상도 적절히 이용하지만 아날로그 목소리와 손쓰기를 게을리 하지 말아야겠다.

■ 아이들과 놀이공원에 갔다.

예배 먼저 드리느라 사도신경을 외우는데, 중간쯤에

서 '삐이~ 푸우~' 놀이기구 기차가 지나갔다.

아이들은 모두 사도신경을 안 외우고 눈을 번쩍 뜬

채 '빠이빠이' 손을 흔들고 있었다.

내가 눈을 떴으니까 아이들이 눈 뜬 걸 봤겠지?

그럼 다 같이 기도 안 하고 본 걸세.

■ 오늘은 풀장 가는 날. 교회버스에 아이들 다 태우고

둘러보니 한 아이가 에어컨 앞에서 울고 있다.

"다 버스 탔는데 너는 왜 안 탔어?"

아토피로 불편한 아이는 몸을 긁으며

"엄마는 일 가서 교회 끝나면 데리러 온대."

"가자" 하고 손을 내미니 아이도 얼른 내 손을 잡고

따라 나선다. 엄마에게 전화해 주고, 풀장 가서 물가

를 거닐며 다른 아이들 노는 걸 구경 시키고 나란히

앉아 옥수수를 나눠먹었다.

가려운 것도 이제 잊었나보네.

잠시 후, 내 손을 뿌리치더니 물로 풍덩 뛰어든다.

헉! 저 녀석 좀 봐.

수영장에서 다른 녀석이 물속에서 나오더니 발발 떨며 입술이 파래졌다.

얼른 큰 타올로 몸을 싸주고 보조 선생님에게 급한대로 자판기에서 더운 물을 받아오라고 해서 손을 씻어주니 아이가 피어났다.

비상시에 아이들에게 도움 줄 수 있게 젊을 적에 한의학 기술을 좀 배워둘걸!

■ 물놀이를 하는데 갑자기 소나기가 퍼부었다. 비 맞은 병아리처럼 모두 초라하게 서 있었다.

남자 선생님 한 분이 커다란 돗자리를 가져와 넓게 펴서 여자 선생님 세 명과 돗자리의 네 귀를 각각 잡고 아이들을 그 아래로 들어가게 해 칙칙폭폭 기차놀이를 하며 실내까지 이동했다.

모여든 아이들이 좋아라 한다.

비가 오면 비가 온대로 즐거워!

이래서 재치가 필요하고 지혜가 필요하다. 무슨 일이 생기면 뜻하지 않은 일 앞에 실망만 할 게 아니라, 이걸 어떻게 해결하지에 먼저 관심을 맞춘다. 아이들은 놀이의 전문가들이어서 어떻게 하든 재밌게 방향을 틀어주면 최고다.

■ 오늘 체육대회는 선생님들 중 태권도장을 운영하시
는 분의 도장에서 진행됐다.

널찍한 공간과 체육 도장에 필요한 여러 가지 도구들
때문에 아이들이 신이 났다. 만져보고 던져보고….

선생님들은 저마다 하나님이 주신 달란트대로 자신
의 실력을 발휘해 주면 풍성한 교회학교가 된다. 그
러니 부서를 담당하는 리더는 선생님들의 자질을 먼
저 잘 파악할 필요가 있다.

또, 생업과 연결된 부분에서 아이들에게 체험 시키고
나눠줄 것이 있으면 아이들에게 귀한 경험이 된다.
직업 세계도 알게 되고 새로운 체험도 하고.
태권도장 사범 선생님, 오늘 고마워요!

선생님들이

요가든

태권도든

춤이든

드럼이든 무엇을 잘하든

꽃집주인이든

경찰이든

소방관이든

빵집주인이든

:

아이들에게 공간과

직업을 소개해주면

정말 즐거운, 소중한

선물입니다.

교회 버스를 기다리고 있었다. 할아버지 두 분이 내 앞 건널목으로 건너오신다.

초등학교 2, 3학년 쯤 됐을까. 여자 아이와 남자 아이 두 명이 할아버지를 따라가고 있었다. 손수레에는 많은 페트병이 실려 있었다. 두 남매는 손수레를 밀다 끌다 장난을 치며 가고 있었다.

'물병을 저렇게 많이 가지고 어디 가시는 걸까?

어! 할아버지 한 분은 우리집에 음식 뜨물 가져가시는 분이시다.'

용기를 내어 할아버지를 쫓아가면서

"할아버지 어디 가세요?" 했다.

"약수터에."

"그럼 아이 둘을 제가 교회 데리고 다녀오면 안될까요? 제가 데리고 갔다가 집에 데려다줄게요."

예수님이
우리에게
활짝!

손을
내미듯
아이들에게
내 손도
활짝 포팔칩니다

아이들은 있는 그대로
손을 활짝 펴고 안깁니다
예수님께 어떻게 나아갈지
아이를 통해 배웁니다.

"느그들 교회 갈래?"

할아버지 말씀에 여자 아이가 얼른 내 곁으로 오니까 갈까말까 망설이던 오빠도 따라 온다. 마침 교회버스가 도착했다. 원, 이렇게 쉽게 전도가 되다니. 참으로 기뻤다. 거리에서 두 명을 주셨다.

끝난 후 선물을 주고 집에 데려다 주었다. 알고 보니 엄마 아빠가 안 계셔서 할아버지가 데리고 사는 아이들이었다.

아이들은 교회 와보니 너무 좋았나 보다. 자기네 학교 반 아이도 있고, 무엇보다 서로 반가워하며 찬양이 있는 분위기가 즐거웠던 것 같다.

영록아, 미소야, 밝게 자라라.
엄마 아빠 안 계셔도 하나님 안에서 자라면 하나님이 지켜주신다.

어느 집은 환대, 어느 집은 문전박대, 어느 집은 아이
가 놀러나가고.

내가 무슨 월급을 받는 것도 아니고 이렇게 문전박
대를 받고 귀찮아하는 표정을 봐야하나. 애써 찾아간
집 녀석은 놀러 나가고….

결석한 녀석들을 먼저 심방하다 보면 환대를 받는
곳도 있지만 문전박대를 당하거나 무시를 당할 때도
있다.

하나님이신 예수님이 인간을 찾으셨을 때 십자가에
달리시기까지 문전박대를 당하셨는데, 고작 인간인
내가 문전박대를 당한들.

주일날이면 교회차로 아이들을 데리러 다녔다.

준비 다 하고 있으라고 이야기 했건만, 녀석, 교회 차를 집 앞에 세워두고 문을 두드리니 내복 바람으로 나를 맞아 준다.

"교회 차가 기다려, 얼른 가자."

"싫어요, 안 갈래요."

실랑이를 벌이며 교회 차를 먼저 보냈더니

"오신 성의를 생각해서 제가 대신 갈게요" 하며 아빠가 나선다.

난생 처음 트럭을 타고 교회를 갔다.

그 바람에 아빠를 전도했다.

오늘도 1학년 학생 심방을 갔다.

대문을 열자 개가 세 마리. 닭장처럼 생긴 데서 키우고 있었다.

남자 아이가 3명, 여자 아이가 2명.

식사 시간이었구나. 아이들이 많이 흘리고 남기고, 식사 풍경이 전쟁같다.

엄마는 닭갈비 집을 하시는데, 가끔 일부러 가서 사 먹는다. 비싸서 자주 못 가 미안하다.

그날도 헐헐 매운 닭갈비 1인분을 먹고, 그 녀석과 엄마에게 인사하고 나오는데 100미터 좀 왔나 했더니 "선생님~!" 하고 아이가 뒤에서 부른다.

그 녀석이 마구마구 달려서 넘어질까 봐 나도 얼른 돌아서서 그 녀석을 향해 막 뛰었다.

"내가 뭘 두고 왔니?"

나는 뛰어가고 그 녀석은 뛰어오고,

녀석이 뛰어와 내 가슴에 팍 안긴다.

아마도 어린 가슴에 아쉬운 마음이 생긴 건가. 정이
그리웠나.

당신
손이
날개가
되어줄 수도 있어요!

■ 우리 반 3학년이었던 아이. 이젠 목사님이 되어 안수 기도를 해주신다. 참 감회가 새롭다. 전도사님이 되고 부목사님이 되고 이젠 목사님이 되어 우리 구역도 맡으셨다.

설교시간 얼마나 설교를 잘하시는지 나는 저렇게 좋은 꼴을 먹이지 못했건만….

참으로 훌륭하십니다. 묘목이 거목이 됐군요!

■ 우람이는 내가 2학년 때 가르치던 아이였는데 세상에, 대학생이 되어 선생님으로 돌아왔네!
반갑고 기특해라.
십 몇 년 전 꼬맹이가 우리 유년부의 기둥으로 돌아왔다.

겨자씨를 심을 땐 아주 작아 보이지도 않지만 잘 심겨지면 하나님이 키우셔서, 풀보다 크고 큰 나무가 되어 새들이 깃든다고 했는데
하나님이 이리 키우셨구나!
우람아, 이제 네가 또 다른 씨앗을 심어라.

울보,
너가
아이
엄마가 됐어?

■ 몇 해 동안 1학년을 주로 맡다가 2학년을 맡은 해.

한 아이가 우리 반으로 오겠다고 떼를 쓰는 걸 다독여서 보냈더니 미용실을 하는 그 아이 엄마가 나중에 이렇게 말을 했다.

"아이가 그날 와서 으앙으앙 울어대길래 왜 그러냐 했더니 선생님 반으로 가고 싶다고 했어요. 하도 울어서 '손님 있으니까 방에 들어가서 울어' 했더니 뒷방에 들어가 옷장 속에서 문을 닫고 울지 뭐에요."

이 아이가 커서 엄마가 되었다. 배가 남산만해져서 옆에 있는 사람을 가리키며 "신랑이에요" 소개한다.

옷장 속에서 울던 아이가 나는 생생히 생각난다.

너 벌써 엄마 되는 거냐?